lonely planet

LO MEJOR • VIDA LOCAL • GUÍA PRÁCTICA

MENORCA

DE CERCA

JORDI MONNER

Sumario

Puesta a punto 4

Es Talaier (p. 78).

RAMON ESPELT PHOTOGRAPHY/SHUTTERSTOCK ©

Explorar Menorca 27

Merece la pena

Guía práctica 155

Imprescindible

Bienvenidos a Menorca

Menorca, la isla que mejor ha sabido conservar el patrimonio paisajístico de todas las Baleares, conserva una riqueza natural que le ha valido el reconocimiento de Reserva de la Biosfera por la Unesco. Además, en el 2023 sus talayots fueron declarados Patrimonio Mundial por la Unesco. Con estas credenciales, un viaje a esta isla, que los últimos años ha incrementado su oferta cultural y gastronómica de calidad, promete verdaderas sorpresas, ya sea en el abrupto norte, moldeado por la tramontana, ya sea en las tranquilas calas y playas de aguas turquesas del sur, ya sea en ciudades como Maó y Ciutadella, que combinan a la perfección tranquilidad, cultura, ocio y buen comer.

Puerto de Ciutadella (p. 125).
TUULIJUMALA/SHUTTERSTOCK ©

Las mejores experiencias

Descubrir los encantos de la Illa del Rei (p. 30)

KAROL KOZLOWSKI/SHUTTERSTOCK ©

Visitar la majestuosa fortaleza de La Mola (p. 32)

Aventurar-se por los caminos de S'Albufera des Grau (p. 62)

Admirar talayots que son Patrimonio Mundial (p. 64)

CONCEPT ISLAND/SHUTTERSTOCK ©

Recorrer la isla a través de El Camí de Cavalls (p. 88)

TUULIJUMALA/SHUTTERSTOCK ©

PIO3/SHUTTERSTOCK ©

Degustar la famosa caldereta de langosta en Fornells (p. 92)

LUNAMARINA/SHUTTERSTOCK ©

Contemplar Menorca desde otra perspectiva (p. 112)

Conocer la riqueza etnológica a través de la arquitectura local (p. 114)

PAWEL KAZMIERCZAK/SHUTTERSTOCK ©

Maravillarse ante la catedral de Santa Maria (p. 118)

CONCEPT ISLAND/SHUTTERSTOCK ©

ANIBAL TREJO/SHUTTERSTOCK ©

Explorar las casas señoriales de Ciutadella (p. 120)

SARAH BALCH/SHUTTERSTOCK ©

Catar el potencial enológico menorquín (p. 150)

Dónde comer

En Menorca conviven, en alegre ménage à trois, *tres tipos de cocina: la popular, basada en el óptimo aprovechamiento de los ingredientes que se tienen a mano; la de autor, en muchas ocasiones inspirada en los productos locales; y la internacional, bien representada por la gastronomía francesa e italiana.*

DALAIFOOD/SHUTTERSTOCK ©

Menorquina

Sa Parereta d'en Doro Su cocinero, uno de los mejores de la isla, elabora platos menorquines a los que da un toque propio. (p. 79)

Es Molí des Racó Antiguo molino de harina convertido en restaurante de cocina local, perfecto para probar el *oliaigua.* (p. 106)

Cas Cònsol Impresionantes vistas sobre el puerto de Ciutadella en la antigua residencia del cónsul francés. (p. 135)

Marinera

Pintarroja Novísima propuesta de Es Castell, con aire de chiringuito, que ofrece marisco y pescado sin florituras. (p. 48)

El Txoko Con una agradable terraza-jardín, su relación calidad-precio es de las mejores de Menorca. (p. 83)

Cafè Balear Tiene barca de pesca propia y sus platos de pescado son apreciados en toda Ciutadella. (p. 133)

Es Cranc Pelut Excelentes calderetas y espectaculares vistas de la bahía de Fornells. (p. 102)

Es Canutells Tiene vistas a la Cala Canutells y pescado con una relación calidad-precio insuperable. (p. 84)

Creativa

Ses Forquilles Uno de los grandes referentes gastronómicos de Menorca, con platos que van cambiando en función de la temporada. (p. 42)

Smoix Cocina de fusión de altos vuelos que se ha convertido en parada obligada de *gourmets* y amantes de la buena comida. (p. 133)

El Romero Restaurante *slow food* que, a pesar de sus pocos años de vida, ha ganado varios premios a la sostenibilidad. (p. 43)

Sa Pedrera des Pujol Situado sobre una antigua cantera de marés, combina las cocinas mediterránea y cántabra. (p. 80)

Es Racó de Macaret Restaurante y gastrobar en la cala de Na Macaret, con sorprendentes arroces al mediodía y tapas por la noche. (p. 104)

Ca Na Pilar Aquí lo mejor es dejarse aconsejar por el chef sobre lo mejor del día y disfrutar del entorno rural. (p. 106)

DALAIFOOD/SHUTTERSTOCK ©

Mon En pleno corazón de Ciutadella, su carta es tan sobria y exquisita como la decoración. (p. 133)

Internacional

Thay Menorca Comida auténticamente tailandesa en un paraje único lleno de frescor. (p. 83)

Pez Limón En poco tiempo ha conquistado muchos paladares con sus ceviches. (p. 134)

Pan y Vino El nombre es equívoco pues aquí lo que hay es cocina francesa de calidad. (p. 80)

Godai Productos de km 0 elaborados con técnicas culinarias japonesas. (p. 141)

Bistró Sol 32 Pequeño restaurante de aire francés en medio de Es Mercadal. (p. 106)

Punt 7 Restaurante italiano en pleno centro de Maó con pasta casera de calidad y buenas *pizzas*. (p. 44)

Pizzería Roma Pasta y finas *pizzas* hechas en horno de leña, ideal para descansar un día del pescado. (p. 137)

La Guapa Carnes a la brasa con regusto argentino. (p. 103)

Diferente

El Pasaje, de Madrid al Cielo Espectacular cocido madrileño en el centro de Maó, en un pasaje difícil de encontrar. (p. 43)

Es Tast de Na Sílvia Restaurante de comida *slow food* elaborada con productos de km 0. (p. 134)

Ses Voltes Espai Gastronòmic Varios ambientes: zona de tapeo, cocina menorquina, terraza con vistas y bodega subterránea. (p. 137)

Cuk-Cuk Restaurante de primera que también ofrece clases de cocina menorquina. (p. 134)

Primitiu Aquí el comensal debe adivinar qué ingredientes tiene el plato de km 0 que se está zampando. (p. 134)

Menorca en un plato

Caldereta de langosta

IMAG3S 4 U/SHUTTERSTOCK ©

La caldereta de langosta, típica de Fornells y cuyo nombre proviene del recipiente de barro (caldera) donde se cuece, es el plato más internacional de Menorca. Aunque es relativamente fácil de hacer y para su elaboración se tarda algo menos de 1 h, lo ideal es dejarla reposar un día entero para que los gustos se homogeneicen. En la isla hay dos tipos de langosta, la roja y la blanca; la primera, más apreciada para la caldereta, es más pequeña y, obviamente, de un color rojo intenso. El verano es la mejor época del año para pescarlas y cocinarlas.

Los mejores restaurantes de caldereta de langosta

Es Cranc (p. 102) Todo un referente a la hora de hablar de la caldereta de langosta de Fornells; cuenta con vivero propio.

Sa Llagosta (p. 102) Su nombre lo dice todo; en este restaurante de Fornells la caldereta de langosta es, sencillamente, sublime.

Es Port (p. 102) Situado en el puerto de Fornells, además de caldereta tiene una amplia variedad de pescado fresco.

S'Amarador (p. 133) Para quien no quiere ir a Fornells, este clásico de Ciutadella con vivero propio elabora una caldereta perfecta.

Cómo prepararla

La langosta debe ser viva, a ser posible hembra, más gustosa, y reconocible por tener las dos patas traseras menos desarrolladas.

La caldereta tiene como base un sofrito elaborado con cebolla, tomate, pimiento verde, ajo y perejil, y una picada (o majada) hecha con pan duro, brandi, y las partes blandas de la langosta.

Para cortar la langosta, hay que separar el cuerpo de la cabeza. Esta parte se vuelve a cortar para extraer las partes blandas, que se utilizarán en la picada.

Antes de la cocción se saltean los lomos de la langosta ya cortados, sin sacarlos de la cáscara.

Siempre se debe utilizar una cazuela de barro.

Dónde beber y vida nocturna

CARLOS CAIRO/SHUTTERSTOCK ©

Menorca es tranquila, pero ello no impide que los puertos de Maó y Ciutadella sean muy animados, en especial por la noche. Durante el día, los bares y los chiringuitos de playa sirven cervezas bien frías; y en el interior, los viejos bares de tapeo llevan la batuta.

Junto al mar

Paupa Por la tarde es tranquilo, pero por la noche es el mejor bar de copas del este menorquín. (p. 86)

Ivette Beach Club Atardeceres con música *chill out* en Cala Morell. (p. 145)

Artrutx Sea Club Perfecto para disfrutar de la puesta de sol con un cóctel en la mano. (p. 146)

Con vistas

El Mirador Para contemplar el puerto de Maó desde las alturas a cualquier hora del día. (p. 51)

The Blarney Stone *Pub* de Cala Blanca con bellos atardeceres. (p. 144)

Chéspir Gastrobar para relajarse observando los barcos frente a Es Castell. (p. 52)

Tapeo y bocatas

Cristanal y Gradinata Minibocadillos con los productos más variados y originales. (p. 51)

Quèstat? Para tomar un tentempié mientras se ve pasear a la gente por el centro de Ciutadella. (p. 142)

Los más sofisticados

Blue Sky Bar Cócteles, música, camas balinesas y bañeras de hidromasaje en la azotea de un hotel de lujo. (p. 52)

Isabella Beach Club Minimalista, tiene buena música, cócteles, *gin-tonics*, vinos y zumos. (p. 107)

La Margarete Un frondoso jardín y una terraza con cócteles en Ciutadella. (p. 142)

Cafè des Museus Coctelería que se ha convertido en un referente del ocio nocturno en Ciutadella. (p. 143)

Discotecas

La Terraza Toda la marcha bajo un cielo estrellado, cerca del aeropuerto. (p. 54)

Cova d'en Xoroi Cueva en un acantilado que domina las noches de Cala en Porter. (p. 87)

Jazzbah Sala de conciertos que marca la noche veraniega en Ciutadella. (p. 143)

Iguana Port Ambiente joven en el puerto de Ciutadella. (p. 143)

De compras

CAN PONS ©

Abarcas

Avarca Shop Aquí se encuentran abarcas de todos los modelos y colores imaginables. (p. 58)

Can Doblas Abarcas elaboradas de manera tradicional por el artesano Joan Doblas. (p. 111)

Ria Menorca Antiguo taller artesano convertido en una tienda con todo tipo de abarcas. (p. 111)

Ca Sa Pollaca Abarcas y zapatillas de esparto con una zona *outlet* a precios muy interesantes. (p. 147)

Castell Abarcas ergonómicas por encargo. (p. 148)

Moda

Pou Nou Camisetas estampadas con motivos menorquines diseñados a mano. (p. 57)

Aloha Tienda de ropa y complementos con un apartado de ropa de segunda mano. (p. 147)

Món Natural Tienda de ropa y cojines para el hogar, con piezas que recuerdan la época *hippy*. (p. 147)

Pachamama Ropa veraniega de diseños originales. (p. 149)

Complementos

La Maravilla En esta tienda de diseño se encontrarán los objetos más estrafalarios. (p. 56)

Ca s'Esparter Fundada en 1815, parece más el polvoriento baúl de un desván que una tienda al uso. (p. 57)

Sensacions de Menorca Jabones naturales elaborados artesanalmente a partir de aceite de oliva. (p. 58)

La Cerería Velas y productos de cosmética naturales en un espacio de elaborado diseño. (p. 59)

Esforaster *Creative store* que rebosa encanto en el pueblo de Sant Lluís. (p. 61)

Vino y gin

Destilerías Xoriguer Muestra todo el proceso de elaboración de la bebida isleña por excelencia. (p. 55)

De Vins Menorca Todos los vinos que se puedan imaginar en una tienda cuyo sumiller sabe aconsejar mejor que nadie. (p. 54)

Alimentación

El Paladar Delicatesen que prepara y envasa al vacío cualquier producto para que se pueda llevar en el avión de vuelta. (p. 149)

Ca l'Italià Pasta y productos italianos de calidad en el polígono industrial de Maó. (p. 56)

Dulces y pastelería

Cas Sucrer Sus cocas, *formatjades* y amargos tienen tanta solera como el propio establecimiento. (p. 109)

Can Marc Panadería que elabora riquísimas minicocas y repostería dulce y salada. (p. 110)

Can Pons En el 2020 sus ensaimadas fueron consideradas las mejores de todo el mundo. (en la foto; p. 109)

Museos

Además de los monumentos talayóticos repartidos por toda la isla, que constituyen un enorme museo al aire libre, Menorca cuenta con varios recintos museísticos dedicados a temáticas tan variadas como la historia local, los antiguos oficios artesanos, la geología de la isla, la pintura e incluso los aparatos de radio.

COLECCIÓN DEL AYUNTAMIENTO DE MAÓ ©

Museu de Menorca Ubicado en el antiguo Convent de Sant Francesc de Maó, realiza un recorrido por la historia de la isla. (p. 38)

Museu Diocesà de Menorca Ocupa parte del antiguo Convent de Sant Agustí de Ciutadella y muestra pinturas, orfebrería y arte litúrgico. (p. 125)

Es Molí de Dalt Centenario molino con una exposición de herramientas del campo y antiguos oficios. (p. 42)

Nord del Nord, Centre d'Interpretació del Cap de Cavalleria Explica cómo ha evolucionado el faro desde su construcción y toda la zona de mar y tierra que lo rodea. (p. 96)

Binissuès Antigua explotación agrícola, con el Museu de Ciències Naturals de Menorca y el Museu Etnològic, que ilustra sobre la vida rural en la isla. (p. 99)

Centre Artesanal de Menorca Situado en los antiguos cuarteles militares de Es Mercadal, su exposición permanente muestra los principales oficios artesanales locales. (p. 100)

Centre de Geologia de Menorca Ilustra sobre la diversidad y riqueza geológica insular y su incidencia en el paisaje, con una muestra de fósiles. (p. 98)

Thalassa Expone embarcaciones tradicionales menorquinas. (p. 41)

Museu Municipal de Ciutadella Desde el 2022 está ubicado en el palacio de Can Saura y cuenta con un amplio fondo arqueológico. (p. 122)

Centre d'Art i Història Hernández Sanz Situado en la mansión Ca n'Oliver de Maó, es un pequeño museo de temática local que incluye la colección de los pintores Hernández Sanz-Hernández Mora. (en la foto; p. 38)

Centre de Recepció Rodríguez Femenías Su exposición permanente permite descubrir todo lo que puede verse en el Parc Natural S'Albufera des Grau. (p. 63)

Es Racó de sa Radio Antiga Muestra una colección cronológica de aparatos de radio; el más antiguo es un fonógrafo de Edison de finales del s. XIX. (☎971 375 002; www.museoradiomenorca.com; Av. Metge Camps 33, recinto ferial de Es Mercadal; gratis, se aceptan donativos; ⏰11.00-13.00 mi y sa)

Para niños

LADY KIRSCHEN/SHUTTERSTOCK ©

Menorca es un destino perfecto si se va a viajar con niños. Es una isla tranquila, ideal a la hora de programar unas vacaciones familiares, con multitud de posibilidades para que los más pequeños se lo pasen bien, sea en un día de playa, realizando cortos paseos por la naturaleza o descubriendo sitios 'mágicos'.

Parques acuáticos En pleno verano, nada mejor que un parque acuático para que los niños se refresquen y se diviertan a la vez. Destacan **Aqua Center** (☎971 388 705; www.aquacenter-menorca.com; Av. Delfins s/n, Cala en Blanes), **AquaRock** (☎971 387 822; www.aquarock-menorca.com; Carreró Cova des Moro, Cala en Bosc) y **Splash Sur** (☎971 159 195; www.splashsurmenorca.com; urbanización Biniancolla).

Playas Por su fácil acceso, sus instalaciones y su arena fina y dorada con la que construir castillos, las mejores para ir en familia son Binibèquer, Es Grau, Punta Prima, Son Bou, Arenal d'en Castell, Cala en Blanes, Cala Mitjana, Son Saura, Cala Galdana, Cala Morell, Cala en Porter, Na Macaret y Binigaus. Es importante llevar sombrilla porque no hay en todas las playas.

S'Arangí Cercano a Es Mercadal, es un bosque con tres itinerarios marcados, uno de ellos (azul) perfecto para niños de 5 años o mayores, que ayuda a conocer la naturaleza. Además, en el recinto se encuentra la Penya de s'Indi, una formación rocosa que recuerda a una enorme cabeza de indio con sus plumas.

Lloc de Menorca Centro zoológico pensado para los más pequeños, donde estos pueden descubrir y alimentar animales autóctonos y ver especies de todo el mundo. (p. 108)

Líthica Estas antiguas canteras, convertidas en un recinto lúdico con su laberinto vegetal y su jardín medieval, son ideales para pasar una mañana con los pequeños. (p. 130)

Monumentos prehistóricos Sin duda, los niños activarán su imaginación en yacimientos talayóticos como la Naveta des Tudons o la Torre d'en Galmés. (p. 66)

La magia de la isla Otras actividades que siempre gustan a los más pequeños son la observación de aves en S'Albufera des Grau (p. 62), la iniciación a la vela en Fornells o la subida al monte Toro. (p. 95)

Actividades acuáticas

Una manera diferente de disfrutar la isla es desde el agua. En los puertos y principales playas y calas se puede alquilar material y embarcaciones. La oferta va desde bautismos de submarinismo o cursos de kayak a alquiler de veleros con o sin patrón. Y los más románticos pueden navegar a bordo de un llaüt *tradicional (p. 112).*

ANA DEL CASTILLOI/SHUTTERSTOCK ©

Submarinismo

Merak Diving Center Ofrece cursos *open water diver* y *scuba diver*, circuitos y bautizos de agua. Tiene un centro en Maó todo el año y otro en Fornells solo en verano. (☎616 443 489; www.merakdiving.com; Moll de Llevant 325, Maó; Passeig Marítim Gumersind Riera 98, Fornells)

Binibeca Diving Menorca Organiza cursos y bautizos de submarinismo y cursos PADI *open water diver* y *scuba diver*. (☎617 685 193; www.binibecadiving menorca.com; Carrer de Platja de Llevant s/n, Cala Torret)

Scuba Plus Ofrece inmersiones y cursos para principiantes y profesionales. (☎696 903 160; www.scubaplus.org; Carrer es Canal 421, Cala en Blanes)

Lancha o velero

Menorca Nautic De reconocida solvencia y con solera, alquila veleros, motoras y barcas menorquinas. (☎971 354 543; www.menorcanautic.com; Moll de Llevant 152, Maó)

'Trufa' Lancha de seis plazas que se alquila con o sin patrón en el puerto de Maó a precios francamente interesantes. (☎637 973 740; Marina Menorca, Maó)

Nautic Fun Charter Alquila semirrígidas, lanchas y veleros, con o sin capitán. Y para quien quiera comprarse una embarcación, tiene barcos de ocasión. (☎971 364 250; www.nauticfunmenorca.com; Moll de Sa Colarsega s/n, Maó)

Posidony Organiza excursiones en barco por el norte de la isla desde Fornells y permite disfrutar de puestas de sol desde el mar. (☎690 930 325; www.posidony.com; Passeig Marítim s/n, Fornells)

Catamarán

Yellow Catamarans Ofrece una navegación por el puerto de Maó en un catamarán con el fondo transparente, con comentarios sobre los puntos de mayor interés, y organiza excursiones. También se encarga de trasladar a los visitantes a la Illa del Rei (p. 30). (☎639 676 351; www.yellowcatamarans.com; Moll de Llevant 12, Maó)

SIMONA BALCONI/SHUTTERSTOCK ©

Ocean Cat Emprende navegaciones por la costa desde Ciutadella, que cambian en función del viento del día. (☎ 680 729 138; www.oceancatmenorca.com; Passeig des Moll s/n, Ciutadella)

Katayak Organiza salidas para la puesta de sol en un catamarán desde el puerto de Fornells y otras para descubrir la costa norte de la isla. (☎ 626 486 426; www.katayak.net; Passeig Marítim 69, Fornells; Port d'Addaia)

Kayak

Dia Complert Ofrece excursiones combinadas de kayak por cuevas y esnórquel. También organiza divertidas salidas para grupos en balsas de madera. (☎ 609 670 996; www.diacomplert.com; Passeig Marítim 41, Fornells)

Menorca en Kayak Con 35 años de experiencia, alquila kayaks por horas y días, y ofrece excursiones y travesías. (☎ 669 097 977; www.menorcaenkayak.com; Carrer Tramuntana 9, Es Grau)

MenorcAventura Alquila kayaks y organiza diversas actividades, como padelsurf o sup yoga. (☎ 697 940 206; www.menorcaventura.es; Hotel IBB, Av. Central 99, Cala en Porter)

'Llaüt'

Menorca en Llaut Rodea un tramo de la isla en *llaüts*, incluida una cena privada de cocina tradicional. (p. 113)

Navega en Llaut Permite contemplar la puesta de sol a bordo de un *llaüt* en una travesía con patrón incluido desde Ciutadella. (☎ 649 414 134; navegaenllaut.com; puerto de Ciutadella)

Boat Menorca Además de *llaüts*, alquila barcos de varios tipos y ofrece excursiones por la costa de la isla. (☎ 681 615 784; www.boatmenorca.es; Carrer Mallorca 22, Ciutadella)

Llatina Alquila *llaüts* y antiguos barcos de pesca cerca de la reserva marina de la costa norte de Menorca, con y sin patrón. (☎ 678 239 487; www.llatinaboats.com; Passeig Marítim 58, Fornells)

Cuatro días perfectos

Día 1

CONCEPT ISLAND/SHUTTERSTOCK ©

Se empieza desayunando en el **Mercat des Peix** (en la foto) de Maó, y luego se va a las bodegas **Binifadet** (p. 151); tras una cata de vinos, se sigue hacia Sant Lluís para visitar el **Molí de Dalt** (p. 42) y luego hasta **Cala Alcaufar** (p. 73) para ver sus *casetes de vorera*. Otra posibilidad es pasar la mañana en la **Illa del Rei** (p. 30).

Al mediodía se va a **Cales Fonts** (p. 41), en Es Castell, para almorzar en el **Trébol** (p. 48) o el **Sa Punta** (p. 49) mientras se observan los barcos. Se vuelve a Maó para un paseo por el centro, con su rica vida comercial, y visitar el **Museu de Menorca** (p. 38).

Por la noche, se cena en **Ses Forquilles** (p. 42) y se toma el coche hasta Binibèquer Nou para unas copas frente al mar en el **Paupa** (p. 86).

Día 2

CARLOS BRUZOS VALIN/SHUTTERSTOCK ©

Se desayunan un bocadillo sorprendente en **Cristanal y Gradinata** (p. 51), en el centro de Maó, y se enfila hacia **S'Albufera d'es Grau** (en la foto; p. 62) para una larga caminata.

Luego se continúa hasta **Fornells** (p. 92) para contemplar su amplia bahía, y se almuerza una caldereta de langosta en **Sa Llagosta** (p. 102) o en **Es Cranc** (p. 102). Tras una relajada –y necesaria– digestión en una terraza del puerto, se enfila hacia el **faro de Cavalleria** (p. 96) para descubrir viejos búnkeres de la Guerra Civil y contemplar el escarpado litoral del norte de la isla.

Por la noche se cena en **Ca Na Marga** (p. 104), en Ses Salines, y se termina la noche con un sofisticado cóctel en el **Isabella Beach Club** (p. 107), en las Platges de Fornells.

Día 3

UGO BURLINI/SHUTTERSTOCK ©

Se dedica la mañana a las playas del sur. Se puede escoger la larga **Son Bou** (p. 74) o **Cala en Porter** (p. 74) si se va en familia, o si se busca un rincón más apartado, **Cala Trebalúger** (p. 76) o **Cala Macarelleta** (p. 77), indicadas para el esnórquel.

Se almuerza en el **Torralbenc** (p. 84) si se ha escogido una playa más oriental, o en **Ca Na Pilar** (p. 106) si se está en una del centro o el oeste. Luego se visita el poblado talayótico de **Torralba d'en Salort** (p. 67), uno de los más espectaculares de Menorca. A continuación se sube al **monte Toro** (en la foto; p. 95) para una perspectiva completa de la isla a vista de pájaro.

Se cena en **Ca n'Olga** (p. 105), en Es Mercadal, y se termina el día con una copa en la **Cova d'en Xoroi** (p. 87).

Día 4

MANGOJUICY/SHUTTERSTOCK ©

Este día se destina a Ciutadella y sus alrededores. Se desayuna en el **Imperi** (p. 143) en la Plaça des Born, y se visita el **Mercat des Peix** (p. 139). Luego se va a **Líthica** (en la foto; p. 146) para disfrutar de un paseo botánico, y a la **Naveta des Tudons** (p. 65).

Para almorzar se vuelve a la ciudad, al **Mon** (p. 133) o al **Smoix** (p. 133), y después se pasea por el señorial casco antiguo, presidido por la **catedral** (p. 118), y se compran unas abarcas en **Ca Sa Pollaca** (p. 147).

Por la tarde se va hasta el **Cap d'Artrutx** (p. 132), en el extremo suroccidental de la isla, para ver la puesta de sol sobre el mar. De vuelta a Ciutadella, se cena en **Cas Cònsol** (p. 135) o **Pez Limón** (p. 134) y si hay ganas, se termina **de marcha por el puerto** (p. 143).

Lo esencial

Para más información, véase 'Guía práctica' (p. 155)

Moneda
Euro (€)

Idiomas
Español y catalán

Visado
No es necesario para estancias de hasta 90 días (para países de la UE y Zona Schengen). Algunas nacionalidades necesitan un visado Schengen.

Dinero
Hay cajeros automáticos. Las tarjetas de crédito se aceptan en casi todos los hoteles, restaurantes y tiendas.

Teléfonos móviles
Las tarjetas SIM locales se pueden usar en los teléfonos móviles europeos.

Hora local
Hora central europea (GMT/UTC+1)

Propinas
En bares o cafés es opcional, pero se agradecen. En los restaurantes se suele dejar un 5-10% por buen servicio.

Presupuesto diario

Económico: menos de 100 €

Habitación en pensión 60-90 €

Almuerzo con menú barato 18-30 €

Transporte en autobús entre pueblos 1,75-5,75 €

Precio medio: 100-200 €

Habitación doble en hotel rural desde 150 €

Almuerzo en restaurante medio 35-65 €

Coche de alquiler desde 40 €/día

Precio alto: más de 200 €

Habitación doble en hotel-*boutique* desde 200 €

Cena *gourmet* con vino desde 90 €

Alquiler de barco con patrón desde 290 €/día

Antes de partir

Seis meses antes Reservar alojamiento, vuelos y alquiler de automóvil.

Dos semanas antes Realizar reservas en restaurantes

Una semana antes Comprobar las previsiones meteorológicas y la cartelera de espectáculos.

Webs útiles

Turisme de Menorca (www.menorca.es) Web de turismo del Consell Insular de Menorca.

Illes Balears (www.illesbalears.es/esp/menorca/home.jsp) Información turística del gobierno balear.

Lonely Planet (www.lonelyplanet.es) Información del destino y foro de viajeros.

apunt. (apuntmenorca.com) Guía de turismo y ocio.

Cómetemenorca (www.cometemenorca.com) Guía de restaurantes de toda la isla.

Menorca Diferente (www.menorcadiferente.com) Buena guía de turismo en línea.

Cómo llegar

Avión

El aeropuerto de Menorca está a 4,5 km de Maó, junto a la carretera de Sant Climent. Recibe vuelos regulares desde Barcelona y otras ciudades españolas y, en verano, vuelos desde las principales capitales europeas. En el mismo aeropuerto hay agencias de alquiler de vehículos, una oficina de turismo y taxis que van a toda la isla. Un autobús (línea 10) sale cada 30 min del aeropuerto a la estación de autobuses de Maó, desde donde parten autobuses a los principales destinos insulares.

Por mar

Se puede llegar a Maó y a Ciutadella. Al puerto de Maó llegan ferris procedentes de Barcelona, Valencia y Palma de Mallorca, y al de Ciutadella, ferris rápidos desde Barcelona y Alcudia (Mallorca). Ir a Menorca en ferri no es más económico que en avión, pero permite llevar el vehículo a bordo, algo a tener en cuenta si se va a estar más de 15 días en la isla. Además, su impacto sobre el medio ambiente es menor debido al gran número de pasajeros que pueden transportar.

Taxi

En el aeropuerto hay una parada de taxis junto a la terminal que cubren todos los pueblos de la isla; conviene evitar los que ofrecen sus servicios fuera de este punto. Un taxi del aeropuerto a Maó/Es Castell/Es Mercadal/Fornells/Cala Galdana/Ciutadella puede costar 20/20/35/45/50/60 € aprox.

Se puede solicitar un servicio a través de la Asociación Menorquina de Radio Taxi (www.taxismenorca.com)

Cómo desplazarse

La mejor forma de desplazarse por Menorca es en moto o automóvil o, para distancias cortas, en bicicleta, ya que permiten llegar a calas y rincones donde no llega ningún transporte público.

Alquiler de automóviles

Se obtienen mejores precios si se reserva en línea con antelación. Existen muchas agencias en el aeropuerto y en la carretera de Maó a Sant Climent; también las hay en Maó y Ciutadella. Para agosto, debido a la alta demanda, es aconsejable contratar el alquiler con al menos tres meses de anticipación.

Bicicleta y motocicleta

Muchos rincones de Menorca son perfectos para recorrer en bici o motocicleta. Hay tiendas de alquiler y reparación de bicicletas y de motos de pequeña cilindrada en Maó, Ciutadella, Alaior y las principales zonas turísticas. Además, se puede recorrer gran parte del Camí de Cavalls (p. 88) en bicicleta de montaña.

Taxi

Si no se tiene vehículo propio, a menudo es la única manera de desplazarse hasta calas recónditas. La **Asociación Menorquina de Radio Taxi** (☎ 971 482 222; www.taxismenorca.es) ofrece servicios las 24 h en toda la isla. Sus principales puntos de recogida son el aeropuerto, los puertos de Maó y Ciutadella, Es Mercadal, Binibèquer, Cala en Bosc, S'Algar, Es Castell, Es Migjorn Gran y Ciutadella.

Autobús

La red pública de autobuses es muy eficiente. Con horarios diurnos y nocturnos en verano, la mayoría parten de la estación de autobuses de Maó. Existen 45 líneas en toda la isla, las principales son: Maó-Ciutadella, Maó-Es Castell, Maó-Sant Lluís, Maó-aeropuerto y Maó-Cala en Porter, con paradas.

Zonas de Menorca

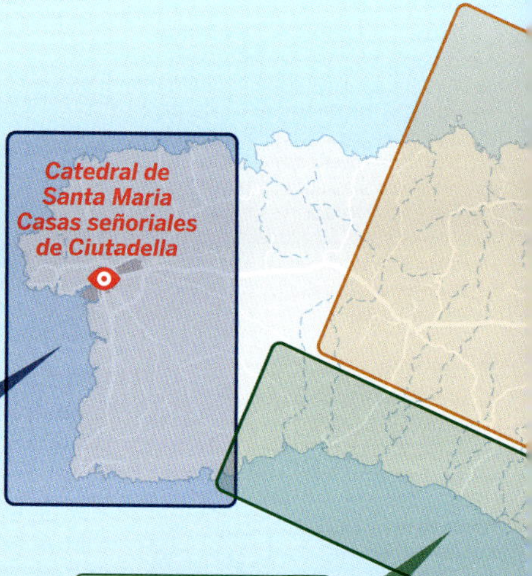

Ciutadella y alrededores (p. 117)

Con un pasado monumental único, Ciutadella invita tanto al paseo como a descubrir una gastronomía exquisita y disfrutar a lo grande en las fiestas de Sant Joan, de fama internacional. Además, desde las calas y playas del oeste insular se contemplan las mejores puestas de sol de toda Menorca.

La costa sur (p. 71)

El sur de Menorca está formado por una sucesión de playas y calas con aguas tranquilas, muchas de ellas con fina arena y de fácil acceso en vehículo, ideales para un baño mientras se contemplan embarcaciones de todo tipo cruzar la costa. Es el destino preferido de quienes quieren tumbarse al sol.

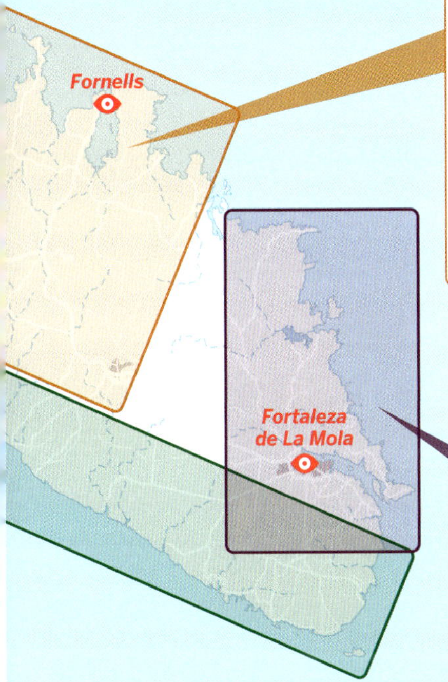

Pueblos del interior y costa norte (p. 91)

Durante años ignorado por el turismo, el centro de Menorca conserva su viejo aire tranquilo, con paisajes dominados por *ullastres, parets seques* y pueblos blancos que han renovado su oferta cultural, especialmente Alaior. Al norte esperan un mar poderoso, siempre iluminado per el faro de Cavalleria.

Maó y alrededores (p. 29)

Maó y sus alrededores, con Es Castell a la cabeza, constituyen la zona más poblada de la isla y eso se nota en su rica y variada oferta cultural, gastronómica, comercial y de ocio, capaz de satisfacer a todo el mundo. También en esta franja, hacia el norte, se encuentra el espectacular Parc Natural S'Albufera des Grau.

Explorar Menorca

Merece la pena

Circuitos a pie

Cala Macarella. KITE_RIN/SHUTTERSTOCK ©

Explorar

Maó y alrededores

Capital de la isla desde el s. XVIII, Maó, asomado a un espectacular puerto natural, es un activo centro comercial, con una sugerente oferta gastronómica y de ocio, y punto de partida para explorar la zona oriental. Se ha convertido en un importante foco cultural.

Lo esencial

- ***Illa del Rei (p. 30)*** *En esta isla en medio del puerto natural, a la que se llega en un catamarán, hay una de las galerías de arte más prestigiosas de las Baleares.*
- ***Fortaleza de La Mola (p. 32)*** *Imponente estructura militar hoy convertida en un espacio cultural y turístico con las mejores vistas del puerto de Maó y de la ciudad.*
- ***Església de Santa Maria (p. 38)*** *Nada hay más sugerente que escuchar un concierto de órgano en este templo neogótico del s. XVIII, construido durante el dominio británico de la isla.*
- ***Mercat des Peix (p. 139)*** *Singular construcción de 1927 con puestos de venta de pescado y de degustación de tapas que se ha convertido en uno de los polos de atracción turística de Maó.*

Cómo llegar y desplazarse

Desde el aeropuerto, en verano sale cada 30 min un autobús de la línea 10 hasta la estación de Maó, la estación principal de autobuses de la isla. De ella parten autobuses que conectan con las principales localidades menorquinas. En invierno hay menos salidas.

En la Plaça s'Esplanada y en la Plaça d'Espanya hay paradas de taxis.

Maó, a pesar de sus pendientes, puede recorrerse fácilmente a pie.

Plano de la zona en p. 36.

Puerto de Maó. KAROL KOZLOWSKI/SHUTTERSTOCK ©

Las mejores experiencias

Descubrir los encantos de la Illa del Rei

La Illa del Rei (isla del Rey) es un pequeño islote situado en medio del puerto de Maó que estuvo ocupado por un hospital inaugurado en 1776, bajo dominación inglesa, destinado a sus marinos. Permaneció en activo hasta 1964, cuando se construyó un sanatorio militar en Maó. En el 2021 la galería suiza Hauser & Wirth inauguró en ella un gran centro de arte, convirtiéndola en uno de los polos culturales de Menorca.

PLANO P. 36, E2

871 010 020

www.islahospitalmenorca.org

menorca.hauserwirth.com

catamarán temporada alta/baja 10/7 €

variable en función de la temporada

Cuando uno se baja del catamarán para visitar la Illa del Rei –solo se puede llegar en una embarcación– tiene dos importantes focos de atracción: la galería de arte Hauser & Wirth y el enorme edificio del Antiguo Hospital Militar, además de una basílica paleocristiana del s. VI, descubierta en 1888.

Galería Hauser & Wirth

En julio del 2021, la célebre galería suiza Hauser & Wirth inauguró un gran centro de arte en la isla tras una remodelación a cargo del arquitecto Luis Laplace. De manera periódica se realizan exposiciones de artistas de vanguardia de fama internacional; la exposición inaugural la protagonizó Mark Bradford y el verano del 2023 Christina Quarles expuso sus lienzos y dibujos. Vale la pena consultar la web para ver qué exposición hay en marcha y qué otras actividades culturales están previstas en el recinto.

Además del espacio interior expositivo, en el exterior, el arquitecto paisajista holandés Piet Oudolf creó un jardín mediterráneo lleno de esculturas que incluye obras de Louise Bourgeois, Eduardo Chillida, Joan Miró y Franz West.

Antiguo Hospital Militar

Este gran edificio, de construcción británica, que fue la sede de un hospital militar desde el s. XVIII hasta la década de 1960, está ubicado en la parte más elevada de la isla y tiene planta en forma de U. En su momento tenía 40 salas para los enfermos, diferentes habitaciones para los facultativos, enfermeros y otros trabajadores, así como todos los servicios necesarios de lavandería, botica y cocinas, además de tres cisternas y sala de baños. En 1784 se le añadió una capilla dedicada a san Carlos.

En la actualidad, voluntarios de la Fundació Illa del Rei se encargan de ir restaurando el interior de las instalaciones y ofrecen visitas guiadas que permiten descubrir una sala con libros antiguos y viejos instrumentos de medicina.

★ Consejos

- **Yelow Catamarans** (portdemao.es/directorio/yellow-catamarans) une el puerto de Maó con la isla a las horas en punto en temporada veraniega.
- Valen mucho la pena las visitas guiadas al Hospital de la Illa del Rei que los domingos a las 9.15 organizan voluntarios de la fundación, que vela por su recuperación y mantenimiento.

Una pausa

- En la isla hay una **cantina,** en realidad un elegante bistró, que sirve bebidas y platos de temporada que rinden homenaje al recetario menorquín.

Las mejores experiencias

Visitar la majestuosa fortaleza de La Mola

Magnífico ejemplo de arquitectura militar, fue erigida entre 1848 y 1875 por orden de Isabel II para proteger la bocana del puerto de Maó debido a las tensiones entre ingleses y franceses. Hasta tiempos recientes fue un temible presidio político y militar, pero hoy es un espacio cultural y turístico que invita a un recorrido repleto de vistas espectaculares, capaz de fascinar a todo el mundo, en especial a los más pequeños.

PLANO P. 36, F2

971 364 040

www.fortalesalamola.com

ctra. de La Mola, s/n

adultos/estudiantes/ mayores de 65 años 8/7,20/5,50 €

10.00-20.30 verano; variable según temporada

La fortificación

Esta impresionante muestra de ingeniería militar, también conocida como fortaleza de Isabel II, es una de las mayores fortificaciones europeas del s. XIX. A pesar de ello, poco después de su inauguración quedó obsoleta debido a la evolución tecnológica de la artillería.

Desde su privilegiada situación domina completamente el puerto de Maó y hoy su arquitectura se fusiona con el paisaje.

Lo primero que se aprecia son sus enormes dimensiones, por lo que vale la pena seguir el recorrido del folleto que se entrega en la entrada y que impide que uno se pierda entre el laberinto de túneles y fortificaciones. Siguiendo esta ruta, pueden verse las defensas de la bocana del puerto, los polvorines subterráneos, el sistema de recogida de aguas de lluvia, los diferentes fosos, un larguísimo frente para fusilería y, al final, los impresionantes cañones Vickers, situados sobre el acantilado, cerca de la Punta de s'Esperó, el punto más oriental de Menorca.

Cómo visitarla

Hay varios modos de visitar la fortaleza. La más sencilla es hacerlo por libre, con una audioguía que facilitan en la entrada en varios idiomas y con 16 puntos de interés marcados; además, se organizan visitas guiadas en diferentes idiomas (consultar la web para horarios). Y como el recinto se las trae en cuando a dimensiones, se alquilan *buggies* de cuatro y seis plazas para recorrer la fortaleza sin cansarse (si se necesita conductor hay que solicitarlo con antelación).

La forma más divertida de acercarse a La Mola es en una de las visitas nocturnas que se realizan cada semana en julio y agosto o en las visitas teatralizadas "La sombra de La Mola" de 1½ h (entradas en www.menorcareservas.com).

Y para los más madrugadores, los miércoles al amanecer se organiza un desayuno en el lugar de España donde primero sale el sol.

★ Consejos

- De mayo a octubre se puede llegar a La Mola desde el puerto de Maó en barco, previa cita, con **Water Taxi** (☎616 428 891, máx. 10 personas, mín. 2). También se puede llegar en taxi desde el centro de Maó llamando al servicio de **Radio Taxi** (☎971 367 111).
- En verano el calor aprieta, por lo que es imprescindible llevar gorro o sombrero de paja y agua.
- Si se va en grupo de más de 20 personas hay un 20% de descuento en el precio de la entrada.

Una pausa

- Dentro del recinto, cerca de la entrada, hay una zona de bar donde sirven tapas, bocadillos, bebidas y helados, muy de agradecer tras un caluroso paseo en verano.

Circuito a pie

Centro de Maó

El núcleo histórico de Maó se asoma al puerto desde un acantilado de 40 m de altura. Su estructura urbana data del s. XVIII, cuando los ingleses, que dominaban la isla, la convirtieron en capital insular a expensas de Ciutadella. Esta influencia británica puede apreciarse en la arquitectura de muchos de los edificios del casco antiguo, con una rica vida comercial y con muchas casas convertidas en hoteles-boutique.

Datos

Inicio Plaça del Príncep

Final Puerto

Distancia 2,5 km; 4 h

❶ Plaça del Carme

Se inicia la ruta en la **Plaça del Carme,** con la imponente Església del Carme (p. 39) y su **claustro,** hoy reconvertido en un mercado de frutas, verduras y productos artesanales. Enfrente puede verse la estatua *Tre Cavalli* del escultor Nag Arnoldi.

❷ Ca n'Oliver

Se sigue por S'Arravaleta, la Plaça Reial e Infanta, hasta **Ca n'Oliver** (p. 38), mansión de finales del s. XVIII que acoge el **Centre d'Art i Història Hernández Sanz.**

❸ Teatre Principal

Se vuelve a la Plaça Reial y se gira a la izquierda, siguiendo la Costa d'en Deia, hasta el Teatre Principal (p. 39), para realizar una visita guiada por su interior.

❹ Carrer Nou y Carrer Hannover

Se da media vuelta y, nuevamente en la Plaça Reial, se sigue por el **Carrer Nou,** lleno de tiendas, como Jade Menorca (p. 59), *boutiques* y zapaterías. Al llegar al final, se gira por **Hannover** (también llamada Costa de sa Plaça), otra vía llena de tiendas, como Pou Nou (p. 57). Ambas calles constituyen el principal eje comercial de Maó.

❺ Bastió de Sant Roc

Se va a la Plaça Bastió, con una fuente a ras de suelo y el **Bastió de Sant Roc** (p. 38), del s. XIV, el único vestigio que queda de la antigua muralla de Maó. La puerta se encuentra entre dos torres de defensa cuadradas de estilo gótico rematadas con matacanes.

❻ Convent de Sant Francesc

Siguiendo por Des Rector Mort y la estrecha Sant Jeroni (también llamada Carrer Des Fred), se llega al Pla des Monestir, presidido por el **Convent de Sant Francesc** (☎ 971 350 955; Pla des Monestir s/n), con una iglesia del s. XVIII y un claustro, que acoge el Museu de Menorca (p. 38). Tras visitar el conjunto, vale la pena acercarse a un mirador a la izquierda desde el que se alcanzan vistas del puerto.

❼ Plaça d'Espanya

Se sigue por Isabel II y la Plaça de la Constitució, con el Ayuntamiento y la Església de Santa Maria (p. 38), y se baja por Portal de Mar hasta la **Plaça d'Espanya,** donde se encuentra el **Mercat des Peix,** con puestos de venta de pescado y marisco y una zona de restauración donde degustar tapas menorquinas.

❽ Puerto

Ya solo queda bajar por la escalinata de la Costa de Ses Voltes hasta el **puerto,** lleno de restaurantes donde comer buen pescado. Desde allí se puede realizar un crucero turístico por el amplio puerto natural o tomar el catamarán que lleva a la Illa del Rei (p. 30).

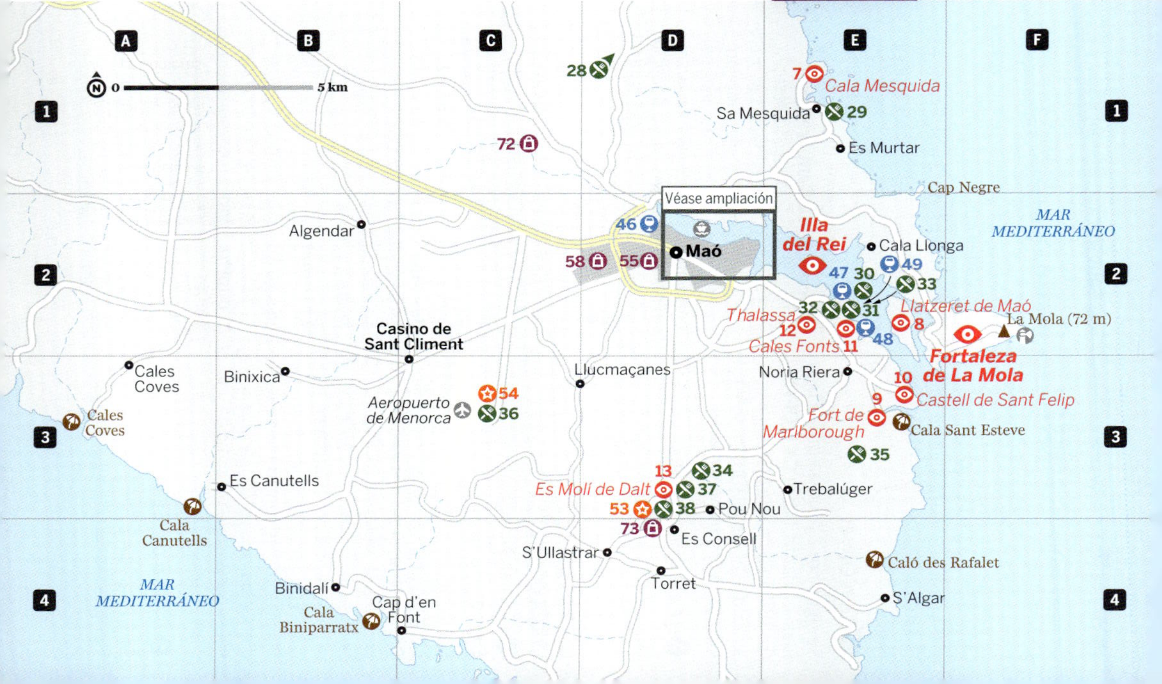
A
B
C
D
E
F
1
2
3
4
0
5 km
28
7 Cala Mesquida
Sa Mesquida
29
Es Murtar
72
Cap Negre
Véase ampliación
MAR MEDITERRÁNEO
46
Maó
58
55
Algendar
Illa del Rei
Cala Llonga
47
30
49
33
32
31
Llatzeret de Maó
Thalassa
12
Cales Fonts 11
48
8
La Mola (72 m)
Fortaleza de La Mola
Casino de Sant Climent
Cales Coves
Binixica
Llucmaçanes
Noria Riera
10
Castell de Sant Felip
9
Fort de Marlborough
Cala Sant Esteve
35
Aeropuerto de Menorca
54
36
13
34
Es Molí de Dalt
37
53
38
Pou Nou
Trebalúger
73
Es Consell
Es Canutells
Cala Canutells
S'Ullastrar
Torret
Caló des Rafalet
S'Algar
MAR MEDITERRÁNEO
Binidalí
Cap d'en Font
Cala Biniparratx

A
B
C
D
E
F
1
2
3
4
Port de Maó
Illa Pinto
Museu de Menorca, Convent de Sant Francesc
2
56
Moll de Ponent
C. Isabel II
C. des Frares
C. Sant Jaume
Rector Mort
S'Arraval
Església de Santa Maria
67
39
23
19
60
3
C. de Sant Roc
1
16
Bastió de Sant Roc
Església
44
50
40
66
Plaça de la Miranda
C. St. Nicolau
C. Sant Bartomeu
41
64
57
18
42
20
Hannover
70
59
51
6
Nostra Senyora del Carme
Sa Rovellada de Dalt
61
Àngel
68
65
5
62
69
17
Plaça d'Espanya
C. de la Concepció
15
Costa d'en Deià
63
Sant Jordi
Teatre Principal de Maó
43
C. d'Anuncivay
4
14
Ca n'Oliver
Ses Moreres
C. Sant Josep
C.
Parc es Freginal
C. Comerç
C. de Gràcia
C. Reina
C. Infanta
C. Plana
C. Sta. Eulàlia
Camí des Castell
C. de Sant Manuel
Sta. Cecilia
C. Bellavista
C. del Carme
C. St. Sebastià
Camp de l'Unió
Moll de Llevant
45
27
Passeig Marítim
26
25
71
22
Av. Port de Maó
Moll de Llevant
21
Av. de Fort de l'Eau
24
Costa de Corea
Costa de Cala Figuera
C. Moll del Fonduco
52
Camí des Castell
0
200 m
Reseñas en:
Las mejores experiencias p. 30
Puntos de interés p. 38
Dónde comer p. 42
Dónde beber p. 51
Ocio p. 53
De compras p. 54

Puntos de interés

Església de Santa Maria IGLESIA

1 PLANO P. 37, B2

Este templo neogótico del s. XVIII, construido durante la dominación británica de Menorca, tiene una sola nave con nueve tramos de bóveda de crucería y capillas laterales. Gran parte de su patrimonio, como el retablo mayor, numerosas imágenes y objetos de culto, fue destruido al estallar la Guerra Civil en 1936. Por suerte, su órgano del s. XIX se salvó y todos los días laborables del verano puede escucharse un concierto (p. 53). Desde el 2013, la iglesia cuenta con unas campanas con una acústica excepcional, que, afinadas entre sí, comprenden una octava basada en la melodía del *Salve Regina*. (www.bisbatdemenorca.com; Plaça de la Constitució s/n; donativo 2 €, niños hasta 12 años gratis, concierto de órgano 13.00 lu-sa 5 €; 9.30-13.00 y 15.30-19.00 lu-vi, 9.30-13.00 sa)

Museu de Menorca MUSEO

2 PLANO P. 37, A1

En el antiguo convento de Sant Francesc (p. 35), del s. XVIII, que fue expropiado por las leyes de Desamortización en el s. XIX y pasó a ser sucesivamente escuela de náutica, biblioteca, instituto de enseñanza y asilo, hoy se encuentra este museo, sin duda el de mayor interés de toda Menorca, con una colección permanente de objetos y documentos que ilustran la historia de la isla, desde la época prehistórica hasta la actualidad. Solicitándolo con antelación, ofrecen visitas guiadas. (971 350 955; www.museudemenorca.com; Pla des Monestir s/n; adultos/reducida 4/3 €, exposiciones temporales gratis; 10.00-14.00 y 18.00-20.00 ma-sa, 10.00-14.00 do jun-sep; 10.00-18.00 ma y ju, 10.00-14.00 mi, vi-do oct-may)

Bastió de Sant Roc PORTAL

3 PLANO P. 37, B2

La única puerta que queda en pie de la antigua muralla de Maó data del s. XIV y constituía la salida al camino de Ciutadella, además de marcar la frontera entre la villa y los suburbios. Se abre entre dos torres de defensa cuadradas de estilo gótico y de diferente altura, rematadas con matacanes. Muy dañado durante la incursión del pirata Barbarroja, el conjunto fue restaurado a finales del s. XVI. Sobre el portal puede verse una hornacina con la imagen de san Roque. (Plaça Bastió)

Ca n'Oliver MANSIÓN

4 PLANO P. 37, C3

Esta opulenta mansión, de corte neoclásico, fue construida por una saga de comerciantes mahoneses a finales de s. XVIII en lo que entonces era una zona de Maó recién urbanizada. Hoy acoge un centro de arte, un pequeño museo sobre la historia de la isla, la colección de los pintores Hernández Sanz-Hernández Mora (padre e hijo), una muestra cartográfica y exposiciones temporales. Constituye una

Escalera principal de Ca n'Oliver.

visita imprescindible, tanto por la arquitectura del edificio como por las exposiciones. (canoliver.menorca.es; Carrer d'Anuncivay 2; adultos/reducida 5/2,50 €; 10.00-13.30 y 18.00-20.00 ma-sa 10.00-13.30 do may-oct, 10.00-13.30 ma-do, también 18.00-20.00 ju-sa nov-feb)

Teatre Principal de Maó TEATRO

5 PLANO P. 37, B2

Los mahoneses están muy orgullosos del Teatre Principal, el teatro de ópera más antiguo de España –su telón se levantó por primera vez en 1829–, edificado sobre la muralla derruida de la ciudad. Diseñado por el italiano Giovanni Palagi, destaca por su sala en forma de herradura. En la actualidad programa ópera, teatro, danza y conciertos de música; en verano, los jueves se hacen visitas guiadas a las 12.00 (en español, catalán e inglés) que muestran la magnificencia del edificio. (971 355 603; www.teatremao.com; Costa Deià 40; visitas por libre/guiadas 3/5 €; visitas por libre 11.30-13.30 ma-vi todo el año, visitas guiadas 12.00 ju jun-ago)

Església de Nostra Senyora del Carme IGLESIA

6 PLANO P. 37, C2

Los carmelitas erigieron esta iglesia entre 1750 y 1808, aunque sus dos torres campanario están inacabadas, así como las columnas que deberían levantarse a ambos lados del pórtico. Junto al templo se encuentran el convento, con diferentes instalaciones culturales, y el claustro, donde se encuentra el **Mercat des Claustre,** con productos de alimentación y recuerdos. A veces en la zona central del claustro se hacen conciertos y actuaciones. (Plaça del Carme)

Cala Mesquida

CALA

7 PLANO P. 36, E1

Bahía en forma de concha definida en sus dos extremos por dos puntas, Sa Creueta y el Pa Gros. En su interior hay dos calas, una rocosa (Cala Mesquida) y una playa de fina arena (Arenal de sa Mesquida), separadas por una punta con una espectacular torre de defensa. La zona es ideal para la práctica del submarinismo, ya que tiene un fondo de rocas y es relativamente profunda. Está a 4,5 km de Maó y se llega fácilmente en coche a un aparcamiento situado a 200 m de la playa.

Llatzeret de Maó

ISLA

8 PLANO P. 36, E2

El auge en el tráfico marítimo del puerto de Maó durante el s. XVIII aconsejó crear en una isla del interior del puerto este antiguo recinto hospitalario para aislar a las tripulaciones de los barcos sospechosos de ser portadores de enfermedades infecciosas. Se trata de un doble recinto amurallado parcialmente restaurado, en el que destaca un templete central. Es uno de los pocos lazaretos marítimos que quedan en Europa y en sus más de 100 años de servicio (hasta 1919) recibió más de 13 800 barcos en cuarentena. En verano se realizan visitas guiadas de 2½ h que parten del muelle de Cales Fonts. (Visitas guiadas adultos/mayores de 65 años/niños de 4-12 años/menores de 4 años 18/12/9 €/gratis; variable, solo verano)

Fort de Marlborough

FORTALEZA

9 PLANO P. 36, E3

Situada en la Cala Sant Esteve, esta fortificación, una de las más espectaculares de la isla, fue construida por los ingleses entre 1710 y 1726 para proteger con sus baterías la bocana del puerto de Maó. Se pueden visitar las galerías subterráneas y el foso, así como una exposición sobre la convulsa vida en Menorca en el s. XVIII. Su nombre se debe a una destacada figura de la Guerra de Sucesión, el general británico Jonh Churchill, duque de Marlborough. (971 368 678; Cala Sant Esteve s/n, Es Castell; adultos/niños 3/1,80 €, audioguía 6/3,60 €, lu gratis; 9.30-14.45)

Castell de Sant Felip

FORTALEZA

10 PLANO P. 36, E3

A raíz de la devastadora incursión de Barbarroja en 1535, Felipe II encargó la construcción de este fuerte al sur de la bocana del puerto. De reducidas dimensiones en principio, fue ampliado en el s. XVIII por los ingleses, que lo convirtieron en una de las fortalezas más importantes del Mediterráneo. Fue demolido en 1805 por orden de Carlos IV después de ser recuperada la isla por España. Situado a 5 km de Maó y a 2 km de Es

Castell (la fortaleza fue el origen de este pueblo), en la actualidad poco queda más que los cimientos, aunque se pueden visitar, previa cita, los túneles excavados y una batería de cañones del s. XVI-XVII. (www.consorciomilitarmenorca.com; ctra. Sant Felip s/n, Es Castell; adultos/jubilados/niños de 6-11 años 8/5/2 €; ⌚variable y siempre con cita previa, consultar web para horarios)

Cales Fonts

CALA

11 👁 PLANO P. 36, E2

Justo en la entrada del puerto natural de Maó, esta pequeña cala, centro neurálgico del pueblo de Es Castell, es hoy un consolidado punto de encuentro en las noches de verano; antiguos almacenes de pescadores han sido reconvertidos en bares y restaurantes, desde cuyas terrazas se alcanzan vistas espectaculares de un mar siempre surcado por pequeñas embarcaciones de vela en verano. Vale la pena, al atardecer, pasear por el muelle y luego cenar en una de sus terrazas (en julio y agosto es aconsejable reservar antes del paseo).

Thalassa

MUSEO NAVAL

12 👁 PLANO P. 36, E2

Este nuevo centro dedicado al patrimonio marítimo de Menorca, inaugurado en el 2023 y ubicado en las antiguas canteras de S'Arraval Vella, cerca de Es Castell, expone 17 embarcaciones tradicionales menorquinas, perfectamente restauradas, y muestra los procesos y las técnicas de construcción y las diferentes formas de navegar.

Visita guiada al Llatzeret de Maó.

Es de visita obligada para los amantes de las embarcaciones antiguas. (Canteras de S'Arraval Vella, Es Castell; gratis; 11.00-14.00 y 17.00-21.00 diario med jul-ago, 17-00-20.00 lu mi y vi 11.00-14.00 y 17.00-20.00 sa y do med jun-med jul y sep, horario reducido resto del año)

Es Molí de Dalt

MUSEO

13 PLANO P. 36, D3

Este molino harinero de factura francesa, situado en Sant Lluís –es el único que queda de los tres que existían en el pueblo–, es de mediados del s. XVIII y se mantuvo en funcionamiento hasta 1949, cuando una de las frecuentes tramontanas menorquinas destrozó el sombrero y las aspas, dañando seriamente la maquinaria. Fue restaurado a finales del s. XX y reconvertido en un pequeño museo etnológico. También es sede de la oficina local de turismo. (971 151 084; Carrer Sant Lluís 4, Sant Lluís; gratis; 10.00-13.00 lu-vi)

Dónde comer

Ses Forquilles

DE AUTOR **€€€**

14 PLANO P. 37, C3

Marco y Oriol son dos referentes gastronómicos en Menorca y su restaurante Ses Forquilles da buena prueba de ello. Trasladado en el 2021 a su actual ubicación en un espacio luminoso con una terraza interior en el centro de Maó, su carta va cambiando con regularidad, pero entre sus especialidades destacan sugerencias como el *foie* a la sal con brioche y chutney de mango o las manitas de cerdo crujientes con mostaza, membrillo

Restaurante Ses Forquilles.

RESTAURANTE SES FORQUILLES ©

y brotes frescos. (☎ 971 353 260; www.sesforquilles.com; Carrer Sant Ferran 12; principales 18-50 €; 13.00-15.20 y 20.00-23.00)

El Pasaje, de Madrid al Cielo ESPAÑOLA €€

15 PLANO P. 37, C2

Tapeo espectacular en un pequeño restaurante –aunque sus inquietos dueños prefieran clasificarlo como bar– ubicado en un pasaje algo difícil de encontrar, pensado más para el público local que para el turismo. Su cocido madrileño es espectacular, al igual que los bocatines de calamar o las pavías de bacalao, y es obligado preguntar por el puchero del día; además, hay quien dice que sirven la caña mejor tirada de toda la isla. (☎ 971 376 520; Carrer Concepció 8, local H; tapas 15-25 €; 13.00-15.30 y 20.00-22.30 ma-sa)

El Romero DE MERCADO €€

16 PLANO P. 37, C2

En sus pocos años de vida ha ganado varios premios a la sostenibilidad y ofrece una carta que va cambiando según la temporada, nutrida principalmente con platos de pescado. Forma parte del movimiento Slow Food, está gestionado por una pareja italiana, Fabio y Francesca, y sirve sugerencias como juliana de sepia, calabacín en tinta y ajoblanco o *cannoli* de espuma de bacalao con paté de aceitunas negras. También hay platos vegetarianos como las berenjenas con *tzatziki* de ciruela, jengibre y mahonesa de cúrcuma. (☎ 971 351 780; www.elromero.bio; Plaça de la Conquesta 5; principales 17-23 €; 13.00-14.30 y 20.00-22.30 ma-do)

Amano DE MERCADO €€

17 PLANO P. 37, C2

A muchos madrileños les sonará este restaurante, pues es hermano de otro equivalente en la capital. Al igual que su homónimo, ofrece cocina de mercado, en este caso con una mirada a los productos que ofrece Menorca. Entre sus especialidades destacan el rollito de pringá con salmorejo picante, el tarantelo de atún rojo a la brasa con pipirrana o el rabo de vaca vieja guisado entero a baja temperatura. Su bodega de vinos es completísima. (☎ 971 354 144; amanorest.com/restaurante-amano-menorca; Carrer s'Arravaleta 19; principales 20-39 €; 13.00-16.00 y 19.30-23.00, cerrado ma mi almuerzo)

Can Pota TRADICIONAL €€

18 PLANO P. 37, B2

Restaurante atípico, más una casa de comidas que otra cosa, fundado en 1881, con una atención singular y camareros a los que se nota la profesionalidad. En verano el horario es bastante reducido, pero en invierno tiene un menú por 25 € siempre interesante, al igual que los copiosos desayunos. Los amantes del arroz no deben perderse su arroz meloso con bogavante. (☎ 971 362 363; Carrer Portal del Mar 11; principales 18-30 €;

13.30-15.30 y 20.30-23.00 jul-sep, 8.00-16.00 oct-jun)

Ses Culleres

DE AUTOR €€

19 PLANO P. 37, B2

Perteneciente al grupo Ses Forquilles (p. 42), Ses Culleres, con una vocación, según sus autores, de ser una verdadera "casa de comidas" con productos de temporada y de proximidad, ofrece platos de calidad a precios asequibles. En el mismo edifico han creado el COC, habilitado para eventos especiales y donde los chefs crean los nuevos platos que posteriormente engrosarán las cartas de los restaurantes del grupo. (971 352 711; www.sesforquilles.com; Edifici Marés, Carrer Pont des Castell, 10; principales 15-22 €, menú 32,50 € mínimo 2 personas; 13.00-16.00 y 20.00-23.00)

Es Molí de Dalt.

© LUNAMARINA/SHUTTERSTOCK

Punt 7

ITALIANA €€

20 PLANO P. 37, B2

Pasta casera de calidad y buenas *pizzas* para cuando se quiere descansar de los guisos de pescado, en esta *locanda* italiana en pleno centro con un patio interior. Destacan sus berenjenas a la parmesana. (971 367 299; www.punt7mahon.eu; Carrer Bastió 7; principales 12-23 €, *pizzas* 10-16 €; 20.00-24.00 lu-sa)

El Rais

DE AUTOR €€

21 PLANO P. 37, E3

En el 2015, el equipo del Ses Forquilles (p. 42) puso en marcha El Rais, restaurante con una terraza asomada al puerto de Maó y uno de los mejores fogones de la isla, que elabora una cocina innovadora y exquisita y ofrece excelentes vistas de la bahía. En la carta hay parpatana de atún rojo con patatas fritas y chimichurri y otras delicias, aunque lo que más destaca son sus originales arroces, como uno de pluma ibérica y espárragos trigueros. Los postres y la carta de vinos están a la altura del resto. (971 362 345; www.elrais.es; Moll de Llevant 314; principales 16-32 €; 13.00-15.20 y 20.00-23.30)

El Cachito

MEDITERRÁNEA, DE AUTOR €

22 PLANO P. 37, F2

Situado en un emplazamiento envidiable en el puerto, conviene dejarse aconsejar por Nacho, pintor polifacético, pues siempre se sale satisfecho y gratamente sorpren-

El Camí d'en Kane y la huella británica

Durante la mayor parte del s. XVIII, Menorca quedó bajo dominio británico. El tratado de Utrecht (1713) refrendó la ocupación *de facto* que Inglaterra había iniciado en 1708. Los británicos convirtieron Menorca en la isla mejor defendida del Mediterráneo, con fortificaciones como el Fort de Marlborough (p. 40), la torre de Stuart o d'en Penjat para proteger la bocana del puerto de Maó, y la torre de Castellar en Sa Caleta, cerca de Ciutadella. También fundaron Georgetown, actualmente Es Castell, para asentar a la población que se había aglomerado alrededor del Castell de Sant Felip (p. 40), muy ampliado por los ingleses.

La influencia británica puede verse también en algunos detalles arquitectónicos, como los pestillos de las puertas, las ventanas de guillotina o los *boinders* –de *bow window*–, los típicos balcones acristalados que adornan muchas casas señoriales.

Uno de los problemas recurrentes para la defensa de Menorca había sido el aprovisionamiento de alimentos para una guarnición capaz de defenderla. Los ingleses lo resolvieron introduciendo la ganadería bovina, con lo que garantizaban el suministro de carne y leche a sus tropas. De paso, sentaron las bases de la actual industria quesera menorquina. Asimismo, pensando en sus tropas, implantaron la bebida más popular de la isla, el gin (ginebra), elaborado con alcohol de vino local y bayas de enebro importadas.

Una sorprendente huella de la presencia británica es la **Església de la Concepció,** en el Carrer de Cos de Gràcia, un insólito templo bizantino del s. XVIII. La levantó la comunidad griega, introducida en Menorca por los británicos y expulsada cuando la isla fue recuperada por España.

Pero probablemente hubo una obra pública desarrollada por los ingleses que en su momento fue determinante en el desarrollo de la isla: el **Camí d'en Kane,** así llamado por el nombre del gobernador británico que lo promovió. Unía Maó y Ciutadella, prácticamente incomunicadas por tierra dada la falta de mantenimiento de la antigua vía romana. Hoy en día ofrece una agradable ruta paralela a la carretera Maó-Ciutadella entre Maó y Es Mercadal, pasando por Alaior. En el 2023 se abrió un nuevo tramo que pasa por Binimoti, cerca de Ferreries gracias a los trabajos y la persistencia de la Associació d'Amics del Camí d'en Kane, empeñados en recuperar el trazado original.

El precio del pescado y otras cosas

Los precios de los platos principales no incluyen los pescados con la referencia S.P.M. (según precio mercado), ni arroces de langosta, bastante más caros que los restantes platos de las cartas (entre 65 y 110 €). En temporada baja, los días de apertura y los horarios de los restaurantes y locales de ocio pueden ser aleatorios (incluso pueden cerrar durante los meses fríos), por lo que es aconsejable confirmar por teléfono antes de desplazarse.

dido por sus especialidades. El perol de calamares, las berenjenas rellenas o los ceviches invitan a repetir la visita. A ello hay que sumar una terraza con buen ambiente. Y si no se tiene mucho apetito, nada mejor que un pequeño surtido de tapas. Hay que reservar con tiempo, pues no cuenta con muchas mesas y se llena enseguida. (☎ 971 369 792; Moll de Llevant 278; tapas 6-18 €, principales 12-18 €; 🕒12.00-16.00 y 19.30-2.30)

Xauxa

TAPAS, ARROCES **€**

23 PLANO P. 37, B1

Dos jóvenes emprendedores montaron este agradable restaurante que también combina picoteo y copeo. Su arroz negro meloso de calamar es buenísimo y hay que preguntar al camarero sobre las sugerencias del día. Además, las noches de los viernes y sábados hay música y copas. (☎ 620 872 718; xauxamenorca.com; Moll de Ponent 14; principales 14-28 €, tapas 7-17 €; 🕒19.00-hasta tarde ma-do, también 12.00-17.00 vi-do, verano)

Jàgaro

PESCADO Y MARISCO **€€€**

24 PLANO P. 37, E3

Clásico restaurante de la zona del puerto de Maó, que sirve calderetas, además de arroces, pescado y marisco; a destacar sus ortigas de mar y escupiñas. En su carta se complementa la cocina menorquina con otros platos mediterráneos. Tiene además dos menús especiales, uno de langosta (63 €) y otro de bogavante (57 €). A ojos de más de uno, la relación calidad-precio no es de las mejores de la isla. (☎ 971 362 390; restaurantejagaro.com; Moll de Llevant 334; principales 23-40 €; 🕒13.00-16.00 y 20.00-23.00)

Mestre d'Aixa

DE AUTOR **€€**

25 PLANO P. 37, E1

Este restaurante-*wine bar,* como ellos mismos se autodenominan, elabora una cocina contemporánea de fusión, siempre a partir de buenas materias primas, con una carta pequeña pero exquisita, en la que hay platos como el tajo de cochinita bibil, el bombón de carne roja, *foie* y trufa, o el canelón de cordero con salsa de hongos y queso de la isla. Ocupa un antiguo taller de carpintería de ribera en la zona del puerto. Hay que tener en cuenta que en el momento de redactar esta guía el servicio deja mucho que desear. (971 966 801; mestredaixamenorca.com; Moll de Llevant 209; principales 18-29 €; 13.00-15.30 y 19.00-22.30 lu, mi-sa, 13.00-15.30 do, cerrado ma)

Wepi

DE FUSIÓN **€€**

26 PLANO P. 37, F1

Exótico restaurante de decoración informal, creado por dos hermanos anglo-menorquines, con una cocina de fusión asiática y mediterránea. Son especialmente buenos los San choi baos y las *samosas*. Y el curri rojo de pollo y arroz de jazmín le traslada a uno al centro de Tailandia. (971 354 818; Moll de Llevant 227; principales 18-32 €; 20.00-23.00 ju-lu)

Can Vermut

MEDITERRÁNEA **€**

27 PLANO P. 37, E1

Taberna del puerto de Maó, con una terraza ideal para contemplar el ir y venir de la gente, que elabora platos con productos de km 0 a base de tapas pensadas para compartir. Siempre se respira un ambiente divertido y distendido. Tanto el *carpaccio* de pulpo como las croquetas están entre los imprescindibles. Solamente abre para las cenas. (971 361 726; www.canvermut.com; Moll de Llevant 176; tapas y principales 9-15 € 20.00-24.00 ma-do)

L'Avi Bernadet

TAPAS, MARINERA **€€**

28 FUERA DE PLANO P. 36, D1

Situado en el antiguo pueblo pesquero de Es Grau, a 10 km del

Cala Mesquida.

centro de Maó, en el Parc Natural S'Albufera des Grau, se trata más de un bar de pueblo que de un restaurante, aunque sus tapas y platos de pescado fresco son excelentes, en especial las ortigas de mar y el pulpo con cebolla. Los arroces también son deliciosos y hay que estar atentos a los platos del día. (971 358 814; Carrer S'Arribada 18, Es Grau; principales 15-28 €; 8.00-20.30 mar-med dic)

Cap Roig MEDITERRÁNEA, MENORQUINA €€

29 PLANO P. 36, E1

Este restaurante de Sa Mesquida, a pesar de no tener la mejor relación calidad-precio de la isla juega con ventaja: sus espectaculares vistas sobre el mar merecen la visita por sí solas. De ambiente familiar, si se quiere mesa en la terraza es conveniente reservar con antelación. Al margen de la carta, hay que preguntar por el pescado del día, que suelen servir a tanto el kilo. (971 188 383; www.restaurantcaproig.com; Carrer Gran de Sa Mesquida 13, Sa Mesquida; principales 19-30 €; 12.30-16.00 y 19.00-23.30 fin mar-ppios dic)

Pintarroja PESCADO Y MARISCO €€

30 PLANO P. 36, E2

Marisquería informal y desenfadada de Es Castell que solo abre en verano, con un estilo *hippie* chic, donde el chef Eugeni de Diego ofrece una carta sencilla, sin artificios ni florituras, de pescado y marisco fresquísimo, además de algunos platos como huevos con patatas y gambas. Abrió sus puertas en el 2023 pero desde el primer día se ha ganado un público adepto. Parece más un chiringuito de playa que un restaurante propiamente dicho. (608 762 427 157 373; pintarrojamenorca.com; Carrer Moll den Pons 10, Es Castell; principales 19-48 €; 18.00-23.00 verano)

Trébol MEDITERRÁNEA €€

31 PLANO P. 36, E2

Instalado en Cales Fonts, en una de las cuevas donde los pescadores guardaban las barcas, y con una terraza sobre el mar, elabora una cocina menorquina sencilla basada principalmente en el pescado fresco; como es un producto de primera, no le ponen aderezos y lo sirven a la plancha, sin enmascarar su sabor. Solo por encargo, elaboran arroz caldoso. (971 367 097; www.trebolmenorca.es; Moll de Cales Fonts 43, Es Castell; principales 18-28 €; 13.00-15.30 y 19.00-22.30 ma-do)

Miramar CASERA €€

32 PLANO P. 36, E2

Aunque se trata de un bar y café, esta guía lo ha puesto en el apartado de restaurantes porque ofrece excelentes platos caseros muy variados, desde tapas a cualquier hora del día a platos a la hora del almuerzo y la cena como albóndigas caseras con arroz, curri verde de pescado o salmón marinado con eneldo y gin Xoriguer. Eso sin hablar de las magníficas vistas de Cales Fonts. (971 364 643;

miramarcalesfonts.com; Moll de Cales Fonts 15, Es Castell; principales 14-28 €; 10.30-24.00, cocina 11.00-16.00 y 19.30-23.30)

Sa Punta
MEDITERRÁNEA €€

33 PLANO P. 36, E2

Situado donde hace unos años se encontraba el club náutico, este restaurante de Cales Fonts ofrece vistas privilegiadas a la bocana del puerto natural de Maó y en poco tiempo se ha convertido en uno de los imprescindibles del pueblo de Es Castell. En su carta, que se nutre principalmente de productos de km 0, se encontrarán desde buenos arroces a un original ceviche de pez limón con boniato asado y altramuces. (690 854 671; www.sapuntamenorca.com; Cales Fonts, Es Castell; principales 19-28 €; 13.00-15.30 ju-do y 19.30-22.00 ju-ma)

Bodegas Binifadet
DE MERCADO €€

34 PLANO P. 36, D3

Esta conocida bodega (p. 151), quizá la más célebre de la isla, tiene un buen restaurante, un *wine bar* y un *wine tasting* donde se pueden descubrir sus vinos, entre ellos el célebre Merluzo, en un entorno informal y distendido frente a las viñas. La carta del restaurante tiene sugerencias como bacalao con *oliaigua* y manzana o ensaimada con pimientos escalivados, sobrasada y miel. Su menú maridaje es muy completo. (971 150 715; www.binifadet.com; Camí de ses Barraques s/n, Sant Lluís; menú maridaje 70 €, principales 18-30 €; restaurante 12.30-15.30 y 18.30-22.30)

Sant Joan de Binissaida
DE AUTOR €€€

35 PLANO P. 36, E3

El restaurante gastronómico de este hotel rural situado en pleno campo es otra creación del equipo del Ses Forquilles (p. 42). Su carta, siempre con cocina de mercado y elaborada con productos de proximidad, incluye platos tan sugerentes como el lomo de lubina con pilpil de aceite de Menorca y verduritas. Cuenta con dos espacios, la terraza y una gran pérgola con espectaculares vistas a los jardines, donde siempre sopla una suave bisa. (971 355 598; www.binissaida.com/es; Camí de Binissaida 108, Es Castell; principales 20-50 €; 13.15-15.00 y 20.00-23.00 may-oct)

El Grill
ASADOR €€

36 PLANO P. 36, C3

Junto al aeropuerto (popularmente muchos lo conocen como "el grill de l'aeroport"), en una antigua casa tradicional menorquina, aquí lo suyo es venir a devorar un chuletón o un solomillo a la brasa, o un asado al horno, acompañado de una parrillada de verduras, aunque también tienen platos de pescado y de pasta. En verano su terraza se convierte en la discoteca La Terraza (p. 54). (971 367 903; ctra. a l'Aeroport s/n; principales 18-35 €; 12.30-16.00 y 19.30-23.00)

SA PUNTA MENORCA ©

Sa Punta.

Clementina

INTERNACIONAL €€

37 PLANO P. 36, D3

Inaugurado el verano del 2020 en la calle principal de Sant Lluís y exitoso desde el primer día, se trata de un pequeño gastrobar que ofrece una ecléctica carta de platos, muchos de los cuales bajo la categoría de "gastronitos", pues están pensados como tapas para compartir. A su chef Mike Krnall le encanta experimentar con los sabores y puede servir cosas tan imaginativas como unas gambas sobre sandía y pico de gallo de mango. (871 039 838; Carrer de Sant Lluís 20, Sant Lluís; principales 16-24 €; 19.00-22.30 lu-sa)

La Rueda

TAPAS €€

38 PLANO P. 36, D3

La planta baja de este restaurante familiar de Sant Lluís funciona como bar de pueblo tradicional. Ofrece tapas de cocina local: riñones al jerez, esqueixada de bacalao, sepia con guisantes, etc. y bocadillos variados. En la planta superior está el comedor, donde sirven platos sin pretensiones. (971 150 349; restaurantelarueda.info; Carrer de Sant Lluís 30, Sant Lluís; tapas 6-14, principales 16-22 €; 12.00-17.00 y 19.30-23.00, cerrado ma)

Dónde beber

Cristanal y Gradinata

BAR, BOCADILLOS

39 PLANO P. 37, B2

Este pequeño bar del centro de Maó ofrece exquisitos "manolitos", pequeños bocadillos elaborados con los más variados y originales productos. Es el lugar ideal para desayunar o tomar un tentempié al atardecer, siempre acompañado del mejor *jazz* a un volumen tan sutil que jamás molesta en la conversación. (971 363 316; www.gradinata.es; Carrer Isabel II 1; 9.00-15.00 y 19.00-22.30 lu-sa jul y ago, 11.00-15.00 y 19.00-22.30 lu-sa oct-jun)

Augustín

BISTRÓ

40 PLANO P. 37, C2

Situado en el centro de Maó es un bistró que gusta autodenominarse "viejoven", donde tomar una buena copa de vino (también los hay naturales), así como una de las especialidades culinarias que se enuncian en su pizarra. Se puede disfrutar tanto de un tapeo como de un almuerzo o una cena, o simplemente ir a beber algo. (971 354 043; Plaça Espanya 29; 12.00-22.30)

Pipet & Co

BAR, DESAYUNOS

41 PLANO P. 37, B2

Energéticos desayunos, tartas caseras, zumos, hamburguesas de Angus o polenta con guarnición son algunas de las propuestas para el desayuno/*brunch* en este local del centro de Maó, que sigue la filosofía *comfort food*. (971 366 368; Plaça Bastió 10; 9.00-16.00 ma-do)

El Mirador

BAR

42 PLANO P. 37, C2

Bar estratégicamente situado en el pasadizo entre el Mercat des Claustre y el mercado de pescado, con una terraza que se asoma al puerto de Maó. Aunque parezca increíble, en las tórridas tardes de verano por el callejón a veces sopla una agradable brisa. (971 352 107; Plaça Espanya 2; 13.00-24.00 ma-sa)

American Bar

BAR

43 PLANO P. 37, B3

Para tomarle el pulso a Maó, nada mejor que sentarse en la terraza de este bar, todo un clásico donde los vecinos contemplan el trajín diario, en especial a la hora del desayuno o del café. Está en la Plaça Reial, auténtico epicentro urbano. Recientemente cambió de dueños y ahora lo gestiona la empresa de calzado Castell, que en el momento de redactar esta guía tenía el proyecto, aún sin desarrollar, de convertir el legendario local en una *concept store* donde, además de tomar algo, se podrán comprar zapatos de la marca. (Plaça Reial 7; 9.00-23.30 lu-vi, 9.00-16.00 sa)

Es Llonguet CAFETERÍA, PASTELERÍA

44 PLANO P. 37, B2

Horno artesano muy fácil de detectar desde la calle gracias al aroma de su pan recién horneado. Elabora todo tipo de pastas menorquinas, tanto dulces como saladas, como ensaimadas, *rubiols*, *formatjades* o cañas de sobrasada. Dispone de una agradable zona de bar con decoración *vintage*, donde sirven deliciosos desayunos y meriendas. (971 961 196; www.esllonguetmenorca.com; Carrer del Rosari 12; 8.00-20.30, cerrado do)

Bandidu LOCAL POLIVALENTE

45 PLANO P. 37, E1

Amplio y con decoración industrial, en este local del puerto de Maó se pueden tomar buenas *pizzas* y carnes a la brasa para cenar, pero a partir de las 24.00 se convierte en un animado local de copas y cócteles con música de DJ que invita a divertirse hasta la hora del cierre. (www.bandidu.com; Moll de Llevant 149; 18.00-2.00 do-ju, hasta 3.00 vi, hasta 4.00 sa)

Paput CÓCTELES, HAMBURGUESAS

46 PLANO P. 36, D2

Un grupo de jóvenes pusieron en marcha este proyecto en el puerto, en el que se aúna música (en ocasiones en directo), divertidos cócteles, hamburguesas (hay que pedir la *burguer* del mes) y por encima de todo, ambiente *trendy* y un aire desenfadado, propio de las vacaciones. No hacen reservas, y como su amplia terraza se llena muy rápido a menudo toca hacer cola. (Moll de Ponent s/n; 11.00-1.30)

Blue Sky Bar CÓCTELES

47 PLANO P. 36, E2

Lo más *cool* a la hora de tomar una copa es este bar que domina la bahía de Maó desde la azotea del Hotel Barceló Hamilton, en el pueblo de Es Castell. Sigue la línea del concepto Urban Beach y, además de cócteles, música y vistas espectaculares, brinda camas balinesas, zona *chill out*, solárium y bañeras de hidromasaje. (971 362 050; Passeig Santa Àgueda 6, Es Castell; 11.00-24.00 verano)

Chéspir GASTROBAR

48 PLANO P. 36, E2

Gastrobar y coctelería con excelentes vistas en Es Castell, donde ir a relajarse contemplando los barcos y picando alguna cosa, bebiendo una buena copa de vino o disfrutando de un cóctel. Para aquellos que se levanten tarde después de una noche de jaleo, también es un buen lugar para un desayuno tardío. (681 632 065; Moll de Cales Fonts 47, Es Castell; 12.00-24.00)

Namasté CÓCTELES, PLATILLOS

49 PLANO P. 36, E2

Situado en una antigua cueva de pescadores del Moll d'en Pons, en Es Castell, frente al mar, es perfecto para contemplar los barcos que entran y salen del puerto de Maó mientras se toma un cóctel a media tarde. También ofrece platos de cocina viajera y mediterránea y eventualmente organiza eventos al atardecer en verano. (☎971 483 662; Moll d'en Pons 6, Es Castell; ⏲10.30-24.00)

Ocio

Conciertos de órgano CONCIERTOS

50 ★ PLANO P. 37, B2

En la Església de Santa Maria (p. 38), durante los meses de estío, todos los días laborables puede escucharse un concierto ejecutado con un único instrumento: el órgano del templo, inaugurado en 1810 y que cuenta con tres teclados y 3210 tubos, lo que le da una sonoridad espectacular, a la que se suma la perfecta acústica del templo. (Plaça de la Constitució s/n; concierto de órgano 5 €; ⏲13.00 lu-sa verano)

Es Claustre MÚSICA EN DIRECTO

51 ★ PLANO P. 37, C2

En el interior del Mercat des Claustre (p. 40) se celebran de abril a septiembre espectáculos de teatro, danza y arte, y conciertos de *jazz*, pop, folk, música clásica, etc. Por aquí han pasado figuras de la talla de Antonia Font, Leo Bassi, Jorge Drexler, Els Pets, Jordi Savall o Love of Lesbian a precios muy asequibles. Vale la pena estar atentos a la programación de la página web pues las entradas se acaban pronto. (www.esclaustre.com; Pati del Claustre del Carme; ⏲conciertos variable)

Blue Sky Bar.

BLUE SKY BAR ©

Cranc Illa de Menorca Festival FESTIVAL DE MÚSICA

52 PLANO P. 37, E4

Con varias ediciones a sus espaldas y un escenario cambiante (a través de los años se ha celebrado en el Jazzbah de Ciutadella o en Cala Figuera, en el puerto de Maó), este festival de música ha presentado a figuras como la banda estadounidense Crocodiles, la cantante Zahara, la estrella española del *dancehall* Bad Gyal o los británicos Temples. La edición del 2023 se celebró en diversas localizaciones de Maó. Hay que estar atentos a su página web para fechas y entradas, pues inicialmente se celebraba en primavera pero la última edición tuvo lugar en septiembre. (www.crancfestival.com)

Juego de la Bolla LA BOLLA

53 PLANO P. 36, D3

El bar-restaurante New Bolla, en el pueblo de Sant Lluís, es el único lugar de toda la isla donde aún se practica el juego de la bolla, antiguamente muy popular en Menorca, parecido a la petanca pero con variantes (la bolas, o *bolles*, tienen un contrapeso interior que impide que rueden en línea recta). Puede verse a los jugadores, la mayoría de ellos ya veteranos, los martes y los jueves de 16.00 a 18.00. El juego es digno de ver, pero las tapas y platos del bar y restaurante que acoge las instalaciones no destacan por su calidad. (Carrer Sant Lluís 56, Sant Lluís)

La Terraza DISCOTECA

54 PLANO P. 36, C3

Conocida antes como Tiffany's Menorca, esta discoteca situada junto al restaurante El Grill (p. 49), al lado del aeropuerto, está en una zona arbolada y cuenta con espacios reservados (deben reservarse con antelación). Suelen pinchar DJ de renombre y ofrece sesiones de música disco, *urban music*, comercial y *house*. En su página de Instagram pueden verse los próximos acontecimientos musicales. (www.instagram.com/laterraza_discoteca; ctra. a l'Aeroport s/n; 23.00-4.00 do-ju hasta 5.00 vi y sa abr-sep, cerrado resto del año)

De compras

De Vins Menorca VINOS Y LICORES

55 PLANO P. 36, D2

Imprescindible para los amantes del vino, se trata de la tienda con la mayor y mejor selección de vinos menorquines, nacionales e internacionales de toda Menorca y con toda la gama de precios, además de una colección de aguardientes, licores, *whiskies*, grapas, vermuts y ginebras. Tanto Dani como el sumiller Marcel pueden asesorar sobre cualquier vino pues su nariz y paladar son de los finos y lo saben todo sobre los vinos del país. También organizan catas, cursos de iniciación a los vinos y *pop-ups*. (971 362 194; www.devinsmenorca.com; Camí de ses Vinyes 118; 9.00-14.00 y 17.00-20.30 lu-sa)

De Vins Menorca.

Destilerías Xoriguer

GIN

56 PLANO P. 37, A1

Una visita a esta destilería permite no solo seguir el proceso de elaboración de la popular bebida menorquina, desde la destilación en los alambiques hasta el embotellado, sino también probar y adquirir el gin y otros licores de la casa como el de *figa de moro* (higo chumbo), de café, de hierbas o de manzanilla de La Mola. Dispone de otra tienda en el centro de Maó (Plaça del Carme 17). (971 362 197; www.xoriguer.es; Moll de Ponent 91; 9.30-18.30 lu-vi 10.00-14.00 sa may-oct, tienda del centro 10.00-20.30 y 15.00-18.00 lu-sa may-oct 10.00-13.30 y 17.00-20.00 lu-vi 10.00-14.00 sa nov-abr)

Oysters Menorca

OSTRAS

57 PLANO P. 37, C2

¿A quién no le apetecen unas buenas ostras para celebrar a lo grande que está de vacaciones? Los amantes de este apreciado molusco bivalvo disfrutarán a lo grande en este pequeñísimo local, la primera tienda oficial de ostras en Menorca, que ofrece cinco tipos diferentes de ostras (Grevelingen Creuse, Irish Mor, Fine de Claire, Salgado y Dutch Imperial), todas ellas de primera calidad y procedentes de lugares tan dispares como los Países Bajos, Francia, Portugal o Irlanda. Se pueden degustar *in situ* o encargarlas para llevar a casa. (682 346 185; oystersmenorca.com/es; Carrer de l'Església 5; 12.00-15.00 y 19.00-22.00 lu-sa)

Oysters Menorca.

Ca l'Italià PASTA Y DELICATESEN ITALIANAS

58 PLANO P. 36, D2

En medio del polígono industrial de Maó se encuentra esta pequeña tienda de productos italianos de gran calidad, regentada, evidentemente, por dos italianos enamorados de su país. La excelente pasta, los embutidos y los quesos harán las delicias de cualquier amante de los productos de Italia. También tiene una pequeña cafetería donde sirve ensaladas, *pizzas*, bocadillos y tablas de quesos y embutidos italianos. (971 366 980; Av. des Cap de Cavalleria 25, polígono industrial de Maó; 8.30-15.30 lu-vi, 9.30-14.30 sa, cerrado do)

La Maravilla OBJETOS DE DISEÑO

59 PLANO P. 37, B2

Uno se lo pasará en grande visitando este insólito establecimiento e intentando definirlo: bombillas nunca vistas, lámparas sorprendentes, objetos de cocina, pequeño mobiliario y decenas de artículos cargados de imaginación. Ramon explica con humor y maestría la utilidad de los mil y un cachivaches que se acumulan en esta abarrotada tienda de reducidas dimensiones. (971 367 474; www.lamaravilla.es, Instagram @lamaravillamao; Carrer Portal del Mar 7; 10.00-14.00 y 17.30-20.30 lu-sa jul-sep, 10.00-14.00 y 17.30-20.30 lu-vi, 10.00-14.00 sa oct-jun)

Ca s'Esparter

ARTÍCULOS ECUESTRES, ESPARTERÍA

60 PLANO P. 37, B2

Se reconoce este local fundado en 1815 por la enseña que exhibe: una cabeza de caballo (afortunadamente de cartón). Es una tienda de las que ya no existen, con una vieja caja registradora y artículos que los urbanitas nunca imaginaron que pudieran agruparse en tal alegre mezcolanza: sillas de montar, ronzales, estribos, alforjas, herraduras, zurrones de caza, poleas, cestos, *avarques*, armas, municiones, cuchillos *de pagès*, piensos, cántaros, etc., con una pátina de polvo por todo. Es imposible no salir con un objeto inesperado y una socarrona sonrisa en la cara. (971 363 615; Carrer s'Arraval 7; 9.30-14.00 y 17.00-20.00 lu-vi, 9.30-14.00 sa)

Pou Nou

CAMISETAS

61 PLANO P. 37, B2

Un buen recuerdo para llevarse a casa puede ser una camiseta con un bello diseño estampado de un motivo típico de Menorca, y esta empresa, bajo la batuta de Joan Carrés, se ha esmerado en hacer los mejores diseños, para los que ha contado con la colaboración de decenas de artistas como Danae, Xavier Salvador o Marina Cirera; de hecho, a día de hoy, las camisetas Pou Nou se han convertido en un distintivo de la isla. Aunque pueden encontrarse en muchos establecimientos, la tienda oficial de la marca es la que se encuentra en el Carrer Hannover de Maó y la fábrica está en el polígono (Carrer s'Olivar, 19; en la fábrica no hay venta de camisetas). (971 363 552; www.pounou.com; Carrer Hannover 50; 10.00-21.00 verano, 10.00-14.00 y 17.00-20.00 resto del año)

Carreras de trotones

La estrecha relación de Menorca con los caballos es bien conocida: basta con participar en las fiestas de cualquier pueblo para ver hermosas demostraciones equinas. Pero lo que muchos ignoran es la antigua tradición de las carreras de trotones, carreras de caballos al trote con enganche en las que no está permitido galopar; pueden verse en el **Hipòdrom Municipal de Maó** (606 346 901; www.hipodromomunicipaldemahon.com; ctra. de Sant Lluis, 400; entrada 5 €; carreras 20.30 vi jun-sep, 11.00 do oct-may), entre Maó y Sant Lluís. En estas competiciones, con un ambiente a años luz de las carreras de Ascott, se realizan pequeñas apuestas y es divertido oír como son transmitidas por los altavoces por un locutor que habla a una velocidad mucho más rápida que la de los caballos.

BOBA'S Menorca

ESPARDENYES

62 PLANO P. 37, B2

Llorenç Pons ofrece en su pequeño taller del centro de Maó sus "*espardenyes* de autor", alpargatas artesanas, cosidas a mano, con diseños que él mismo va creando según su propia inspiración, muchas de ellas de una sorprendente elegancia. También tiene algunas prendas de ropa igualmente originales. (647 587 456; Carrer de l'Àngel 4; 10.00-14.00 y 17.00-20.30 lu-sa ago, 10.00-14.00 y 17.00-20.30 lu-vi 10.00-14.00 sa resto del año)

Avarca Shop

ABARCAS MENORQUINAS

63 PLANO P. 37, A2

La abarca, o *avarca*, es una sandalia típica de Menorca, con suela de neumático y sin talón. En esta tienda declinan las abarcas en todas las variedades de diseño y con colores tan sugestivos como blanco *escopinya (berberecho)*, verde *ullastre (acebuche)*, azul Faro Cavalleria o arena Binigaus. Existen otras dos tiendas en Maó (Ses Moreres, 34; Carrer Nou 6) y una cuarta en Es Castell (Cales Fonts, 30). (971 369 309; www.avarcashop.com; Carrer Ses Moreres 47; 9.30-21.00 lu-do Semana Santa-oct)

Homers

ZAPATOS

64 PLANO P. 37, B2

Esta familia menorquina, dedicada desde siempre a la elaboración de zapatos artesanales de diseño, ha creado todo un emporio, pues su calzado hoy se vende en varios continentes. Pero aquí está una de sus tiendas principales (también hay una en Ciutadella), donde pueden verse las últimas creaciones, que pueden ir de ligeras sandalias veraniegas de aire chic a botines de clara estética urbana para el invierno. (971 961 362; homers.es; Carrer del Rosari 3; 10.00-14.00 y 17.30-20.30 lu-vi, 10.00-14.00 sa)

Sensacions de Menorca

JABONES

65 PLANO P. 37, B2

Jabones naturales elaborados artesanalmente a partir de aceite de oliva, todos con sugerentes nombres de playas de Menorca, es lo que uno encontrará en esta tienda que siempre desprende un agradable aroma. También hay bonitas velas y regalos originales. Cuenta con una tienda hermana en Ciutadella (p. 148). (971 354 155; Carrer Ses Moreres 5; 9.30-20.30 lu-sa verano, horario reducido resto del año)

Casa M

CONCEPT STORE

66 PLANO P. 37, C2

Mireille, una chica francesa que desde muy joven viajó por todo el mundo, ha creado esta *concept store* donde puede encontrarse desde bisutería hasta bolsos, artículos para el hogar y obras artísticas, pasando por elegantes piezas de ropa con un toque "chic bohemio". Al visitarla, uno descubrirá que no se trata de una tienda tradicional sino más bien de una casa con varias salas y una entrada decorada con armarios antiguos. (☎ 648 941 591; www.casa-m-menorca.com; Carrer s'Arravaleta 16; ⏲ 10.00-13.30 y 17.00-20.00 lu-vi, 10.00-13.30 sa)

La Cerería

VELAS, MODA

67 PLANO P. 37, B1

Espacio inmaculadamente blanco con toques de caoba que ha apostado por los productos naturales y la estética, sean en forma de velas, ropa, tanto para mujer como para hombre, o productos de cosmética, que refleja, según ellos mismos, "una manera de ser, vivir y sentir". (☎ 971 352 540; www.lacereriamenorca.com; Carrer Isabel II 6; ⏲ 10.00-14.00 y 17.30-20.30 lu-sa)

Joyería Vives

JOYERÍA

68 PLANO P. 37, B2

Esta joyería, una de las más antiguas de Maó, es un negocio familiar que ofrece desde alta joyería de diseño y elaboración propia a piezas de aire étnico de estilo asiático. Tanto esta tienda como su vecina Jade (véase a continuación) fueron en su día la vivienda del pintor mahonés Vives Llull, el abuelo de la familia. (☎ 971 362 846; jademenorca.com/joyeria-vives; Carrer Nou 29; ⏲ 10.00-13.30 y 17.00-20.00 lu-vi, 10.00-13.30 sa)

Jade Menorca

MUEBLES, DECORACIÓN

69 PLANO P. 37, B2

Íntimamente relacionada con la contigua Joyería Vives, en su escaparate pueden verse singulares

Anochecer en Cales Fonts.

Sobrasada de Menorca

La estrella de los productos artesanales menorquines es la **sobrasada,** elaborada solo con carne de cerdo de la isla, sal y pimentón –dulce o picante–, que le da su característico sabor y color. Según la tripa natural en que es embutida, se la denomina *llonganissa, semiarrissada, arrissada, cular, poltrú, bufeta* o *bisbe.* Al ser un embutido crudo curado, requiere contacto con el aire; una buena manera de conservarla es colgada de un hilo y libre de cualquier envoltorio. Siempre es mejor comprarla en pequeños comercios o mercadillos de alimentación que en grandes supermercados.

muebles y objetos de decoración que sus impulsores, Ana Natta y Joan Vives, importan desde el sureste asiático. (☎971 357 575; www.jademenorca.com; Carrer Nou 33; ⏲10.00-13.30 y 17.00-20.00 lu-vi, 10-00-13.30 sa)

The Loft

BOUTIQUE

70 PLANO P. 37, B2

Interesante *boutique* –ellos prefieren llamarse *concept store*– del centro de Maó con ropa y complementos hechos a partir de materiales de calidad y de primeras marcas, muchos de cuyos nombres pueden verse grabados en el cristal del escaparate. (☎971 143 755; Carrer Portal de Mar 3; ⏲10.00-14.00 y 18.00-20.30 lu-sa)

Sole Mío

COMPLEMENTOS, MODA

71 PLANO P. 37, F1

Quien haya olvidado poner el bañador en la maleta o busque una prenda de vestir *casual* para lucir una noche en un restaurante al aire libre, en esta tienda del puerto especializada en moda y complementos de baño encontrará los diseños más innovadores y atrevidos de las marcas más punteras, como Siyu, Commelle by Totón Comella, Hartford, American o las bolsas de Épice. (☎971 366 437; Moll de Llevant 238; ⏲10.00-15.00 y 17.00-22.00 Semana Santa-sep)

Bolets de Menorca

SETAS

72 PLANO P. 36, C1

Un amante de la micología montó hace unos años un taller-laboratorio dedicado al cultivo de setas a las afueras de Maó, cerca de la carretera a Fornells, y con el tiempo ha conseguido reproducir *gírgoles* autóctonas, setas de chopo y la variedad *reishi.* Tras el éxito, ha montado junto a sus hijos este singular 'establecimiento' dedicado a la reproducción y degustación de setas. Organiza visitas guiadas y talleres de cultivo de hongos y también ofrece mermeladas y conservas, productos deshidratados y arroces y fideuás de setas semipreparados. Sus productos pueden comprarse *in situ* o en algunas tiendas delicatesen de la isla. En el momento de redactar

Jade Menorca (p. 59).

esta guía, las visitas estaban restringidas; consultar la web para horarios de visitas guiadas y de la tienda. (☎689 789 530; www.boletsdemenorca.com; Sa Sínia des Bolets, Estància d'en Gomila, Camí Agotars, s/n)

Esforaster CREATIVE STORE

73 PLANO P. 36, D4

Espacio singular en medio de Sant Lluís, lleno de encanto, donde puede encontrarse desde piezas de arte hasta ropa conceptual, pasando por perfumes para el hogar, libros sobre Menorca y, en la planta superior, muebles de diseño. Además, esta tienda creativa, gestionada con maestría por los amabilísimos Abraham y Lluís, cuenta con una pequeña barra y terraza en la calle donde sirve los mejores cafés en varios kilómetros a la redonda, zumos naturales y tartas y cruasanes elaborados por ellos mismos. (www.esforaster.com; Carrer Sant Lluís 60, Sant Lluís; 9.30-13.30 y 18.00-21.00 lu-vi 9.30-13.30 sa jul y ago, 9.30-13.00 y 17.00-20.00 lu-vi 9.30-13.00 sa resto del año)

Merece la pena

Aventurarse por los caminos de S'Albufera des Grau

El Parc Natural S'Albufera des Grau, con una extensión de más de 5000 Ha, tiene una enorme riqueza vegetal debido a los diferentes microclimas y a la variedad geológica de su suelo, y es el hábitat de todo tipo de aves acuáticas y rapaces. Declarado Reserva de la Biosfera por la Unesco, su principal elemento es una laguna de agua dulce que desagua al mar por el canal de la Gola, el cual cruza una zona de dunas.

PLANO P. 72, F1

971 177 705

www.balearsnatura.com

ctra. Maó-Es Grau km 3,5 desvío Llimpa

gratis

Centre de Recepció 9.00-15.00

¿Cómo visitar s'Albufera des Grau?

Lo mejor es comenzar acercándose al **Centre de Recepció Rodríguez Femenías,** para obtener toda la información necesaria sobre el parque y visitar su ilustrativa exposición permanente. Después es hora de caminar por una de las tres rutas marcadas: la de Santa Madrona, de color verde, que se puede recorrer en unos 45 min; la de Cala Limpia, de color rojo, de 40 min; y la de Sa Gola, de color azul, de 1 h de duración, que se inicia en el km 6. Las dos primeras son más interesantes y tienen varios puntos de observación de aves, pero cruzan un terreno pedregoso y sin sombra; en cambio, la azul, con un mirador a la albufera, discurre en gran parte de su recorrido entre árboles, por lo que es más aconsejable en pleno verano y, además, enlaza con el Camí de Cavalls (p. 88).

Una gran diversidad de ambientes

El parque engloba un amplio abanico de ambientes con diferentes grados de intervención humana, con zonas húmedas, islotes, una franja litoral donde se suceden acantilados con calas, algunas con pequeñas playas, bosques, terrenos dedicados a la agricultura y la ganadería, y elementos arqueológicos y etnológicos, como talayots y *parets seques*.

Favàritx

Situado dentro de los límites del parque natural, el faro de Favàritx (en la foto), que data de 1922, se levanta sobre una punta de roca pizarrosa. Se encuentra en medio de un oscuro paisaje lunar, con un abrupto entorno geológico castigado por el mar y la tramontana, totalmente desnudo de vegetación. Se llega por un desvío de la carretera de Maó a Fornells, aunque en verano, debido a la masificación, el acceso está cortado al tráfico y solo se puede acceder con un autobús que parte de Maó.

★ Consejos

- Si se va a realizar senderismo por la zona, hay que ir bien equipado: calzado cómodo, sombrero de paja, crema protectora y agua potable.
- En el centro de recepción hay un servicio de préstamo de prismáticos para ver pájaros (no hay que pagar nada, solo se deja el DNI como garantía).
- Se realizan visitas guiadas tanto a pie como en kayak por el parque.
- Se ruega no hacer los típicos montones de piedras apiladas, pues ello perjudica la flora y la fauna.
- No hay que pisar las dunas ni arrancar plantas. Tampoco hay que llevarse piedras, en especial en la zona de Favàritx.
- Está prohibido pasear perros por las zonas de protección estricta, como Favàritx y el entorno de s'Albufera.

Merece la pena

Admirar talayots que son Patrimonio Mundial

El verano del 2023, la Unesco inscribió en la lista del Patrimonio Mundial los talayots de Menorca. En la isla hay más de 1500 yacimientos con sus elementos característicos: la taula, la naveta y el talayot, que constituyen un auténtico museo al aire libre. Muchos de estos monumentos prehistóricos son de fácil acceso y están bien señalizados y nos ilustran sobre la vida y los ritos funerarios de nuestros ancestros más lejanos.

El paisaje arqueológico de Menorca es único en todo el planeta, pues sus talayots y yacimientos prehistóricos conservan un entorno similar al que tuvieron en su día gracias a la preservación del medio natural. De los 1568 inventariados hasta hoy, destacan varios que muestran a la perfección su estructura y función primigenia. Da igual en qué rincón de Menorca se encuentre el visitante, pues seguro que tiene un talayot cercano que puede visitar, en especial en la mitad meridional de la isla.

Llanos de Ciutadella

❶ Naveta des Tudons

Este yacimiento, el más emblemático de toda la isla por su excelente estado de conservación y por ser una construcción funeraria única en el mundo, fue construido hacia el 1000 a.C. en forma de nave invertida. Presenta una obertura adovelada en su fachada occidental y un ábside en la oriental. El interior alberga dos niveles con cámaras cubiertas por losas. Unos trabajos de restauración llevados a cabo en 1959 descubrieron enterramientos en tres o cuatro fases a lo largo de las edades del Bronce y del Hierro. (ctra. Maó-Ciutadella km 40; entrada 2 €; 9.00-12.15 ma-do, acceso libre lu)

❷ Torrellafuda y Torretrencada

A poca distancia el uno del otro, estos dos poblados conservan varios elementos representativos de la cultura talayótica. En el de Torrellafuda llaman la atención los restos de muralla, aunque parte de ellos son de factura moderna, y en el de Torretrencada la *taula* tiene una pilastra adosada en su parte posterior que ayuda a sostener el capitel. (ctra. Maó-Ciutadella km 36 y 39; gratis; 9.00-14.00 do)

★ Consejos

- Se puede obtener amplia información sobre los diferentes yacimientos en la web de **Menorca Talayótica** (www.menorcatalayotica.info).
- Un yacimiento arqueológico tiene un enorme valor histórico y cultural, por lo que no se debe causar ningún tipo de desperfecto ni llevarse ninguna piedra de recuerdo, por más pequeña que sea.
- Muchos yacimientos están en propiedades privadas; se deben ir cerrando las puertas de los caminos que se encuentran para acceder al talayot.
- En verano hay que llevar agua y sombrero, pues en muchos yacimientos no hay prácticamente ninguna sombra.

Suroeste

❸ Son Catlar

Destacan los restos de muralla que lo rodea, de 900 m, con baluartes o torres de defensa de influencia helenizante y romana –se trata de las murallas prehistóricas más impresionantes y mejor conservadas de Menorca–. En su interior quedan restos de viviendas, cinco talayots de defensa y un recinto religioso con una *taula*. En el recinto hay también numerosos restos de cimientos de otras construcciones cuyo uso se desconoce. Se cree que en los ss. IV-III a.C. fue clave en las guerras entre Roma y Cartago. (Camí de Sant Joan de Missa, desvío por ctra. a las playas de Son Saura; gratis; 🕒24 h)

Migjorn occidental

❹ Son Mercer de Baix

Poblado situado en la parte alta del barranco de Son Fideu, formado por diferentes *navetes*, entre las que destaca la **Cova del Moro,** único caso documentado de *naveta* de habitación con cubierta de piedra. (Camí de Son Mercer; gratis; 🕒9.00-12.00 lu)

Barrancos del centro-sur

❺ Cova des Coloms

De grandes dimensiones, es conocida popularmente como "La Catedral". Se trata en realidad de una gran cueva de origen kárstico en cuyo interior se encontraron dos cuernos de toro de bronce. (Barranc de Binigaus; gratis; 🕒24 h)

❻ Sala hipóstila Es Galliner de Madrona

Situada en Es Migjorn Gran, es una sala aislada semicircular a la que se accede por una puerta con dintel monolítico, con cinco columnas y nueve pilastras en su interior. (Camí Malagarba-Binigaus; gratis; 🕒solo visitas concertadas)

❼ Poblat de Sant Agustí

Se trata de uno de los poblados más monumentales, con ocho casas talayóticas, siete construcciones con elementos similares a los de la *taula* y dos talayots, uno de ellos el **Talayot de ses Bigues de Mata,** que conserva su cámara interna. (Camí del Cementiri de Es Migjorn; gratis; 🕒10.00-20.00 sa)

Barrancos de Torrevella y Cala en Porter

❽ Torre d'en Galmés

Con más de 60 000 m^2 y también conocido como Torre d'en Gaumés, es el mayor poblado talayótico de Baleares y el más estudiado por los expertos; cuenta con tres talayots, murallas, viviendas de planta circular, una *taula*, sistema de recogida de aguas, cisternas, portales adintelados y salas hipóstilas. Vivió su época dorada hacia el s. XIII a.C. Para aprovechar mejor la visita, es conveniente acercarse previamente al **centro de interpretación,** que proyecta un vídeo donde se explica la cultura talayótica y recrea una imagen virtual del antiguo poblado. (ctra. Alaior-Son Bou, desvío en el km 2,5,

a la altura de Santa Ponça; entrada 3 €; 9.00-15.30 ma-do, acceso libre lu)

❾ Ses Roques Llises

Sepulcro megalítico con un curioso dolmen, al que se accede por un pequeño corredor. En la losa de la fachada se hizo un agujero para poder trasladar a los muertos al interior de la cámara. (desde el poblado de la Torre d'en Galmés, seguir a pie 1 km por el Camí de Sa Torre Nova; gratis; 9.00-19.00 sa)

Sureste - Alaior

❿ Torralba d'en Salort

Habitado entre el 1000 a.C. y la Edad Media, es uno de los poblados más espectaculares e incluye dos talayots, cuevas artificiales, viviendas, una muralla ciclópea y una sala hipóstila, pero lo que más destaca es la *taula*, que con 4 m es la más alta de la isla. Las excavaciones han recuperado un altar y varios objetos litúrgicos, entre ellos un toro de bronce hoy expuesto en el Museu de Menorca (p. 38). (ctra. Alaior-Cala en Porter km 2,9; entrada 4 €; 9.30-20.00 may-ago, horario reducido resto del año)

⓫ 'Navetes' de Rafal Rubí

Yacimiento formado por dos *navetes* funerarias, muy próximas la una a la otra, cuyo uso se alargó hasta época medieval. (ctra. Maó-Ciutadella km 6,6; gratis; 9.00-21.00 do)

⓬ So na Caçana

Es el único yacimiento de Menorca con dos recintos de *taula*, en uno de los cuales se ha detectado un fenómeno arqueoastronómico vinculado al solsticio de invierno. Sus dos talayots tienen una tipología muy heterodoxa. (ctra. Alaior-Cala en Porter km 6; gratis; ⏲10.00-20.00)

⓭ Necrópolis de Calescoves

De difícil acceso, es la necrópolis más extensa, con más de 90 cuevas e hipogeos de enterramiento excavados en los acantilados de los barrancos de Biniedris y Son Domingo. También hay lo que podría ser un embarcadero de época prehistórica (ctra. Maó-Cala en Porter km 10; gratis; ⏲24 h)

Sureste - Maó

⓮ Talatí de Dalt

De los mejor conservados y más sorprendentes de la isla, este poblado alberga algunos de los principales elementos de la cultura talayótica: un talayot, el recinto de *taula*, diversas salas hipóstilas, viviendas, hipogeos y lienzos de muralla. Además del poblado propiamente dicho, hay una necrópolis en cuevas artificiales. Habitado hasta la época islámica, probablemente tuvo una comunidad de un centenar de habitantes, agricultores y ganaderos, que vivió su momento de esplendor en el s. III a.C. (ctra. Maó-Ciutadella km 4, Camí de Cotaines; entrada 4 € abr-oct, gratis nov-may; ⏲10.00-21.00 jul-ago, horario reducido resto del año)

⓯ Torelló

Muy dañado en su día por la construcción del aeropuerto, conserva dos talayots, restos de una casa talayótica y un sistema de recogida de aguas. (ctra. Maó-Sant Climent km 3,5, Camí de Torelló Vell; gratis; ⏲7.00-21.00)

Torre d'en Galmés.

⓰ Cornia Nou

Poblado que conserva dos talayots de tipologías muy diferentes: el occidental, con un edificio adosado, es de planta circular y tiene una altura de más de 10 m y una escalera que da al piso superior; el talayot oriental, de dimensiones más reducidas, tiene dos cuerpos que se unen entre sí formando una especie de pasillo de acceso a un cerro fortificado. (ctra. Maó-Sant Climent km 2,5; gratis; 10.00-21.00 sa)

Sureste - Sant Lluís

⓱ Trepucó

Situado en el camino homónimo, cerca de Maó, este poblado talayótico tiene una extensión de 5 Ha, si bien solo conserva dos talayots, uno de ellos de grandes dimensiones, restos de las murallas, un par de torres, el recinto de la *taula* y vestigios de algunas viviendas. El conjunto está datado entre el 1000 a.C. (uno de los talayots) y el 600-100 a.C. (las viviendas). Fue atacado durante la Segunda Guerra Púnica (218-201 a.C.), lo que ha permitido recuperar objetos domésticos abandonados de manera precipitada por sus habitantes, la mayoría de los cuales se exponen en el Museu de Menorca (p. 38). (Camí de Trepucó; gratis; 24 h)

⓲ Talayot de Trebalúger

Se trata de uno de los talayots más antiguos de la isla: se ha documentado un uso del lugar en el período 1430-970 a.C. Diferente de la mayoría de los talayots de Menorca, es de planta elíptica, levantado sobre un peñasco, y rodeado por una estructura poligonal adosada a su exterior. Tan singular es que algunos historiadores prefieren denominarlo "turriforme" en lugar de "talayot". (ctra. Sant Lluís-Es Castell km 1,7; gratis; 24 h)

⓳ Binissafullet

Poblado con elementos que se remontan al s. x a.C., si bien vivió su esplendor entre los ss. iv y iii a.C. Las excavaciones arqueológicas han exhumado restos de ánforas del período púnico. Estos hallazgos y los vestigios de fuego en el recinto de la *taula* inducen a pensar en algún tipo de rito religioso. Tiene todos los elementos típicos de un poblado talayótico: *taula,* talayot, vestigios de silos y viviendas. (ctra. Sant Lluís-Binissafuller km 2,3; gratis; 24 h)

Noroeste de Tramuntana

⓴ Sa Torreta de Tramuntana

De este poblado solo se conserva un pequeño talayot, el recinto de *taula* y varios círculos. Es muy representativo de los poblados prehistóricos que habitaban el norte de Menorca. (ctra. Maó-Fornells km 4,5, Camí de Sa Bobal; gratis; 9.00-13.00 ju)

㉑ Sa Mitja Lluna

Situada en la Illa d'en Colom, trata de la única mina prehistórica de todas las Baleares y una de las pocas del sur de Europa que no ha sufrido modificaciones posteriores. (Illa d'en Colom; cerrada al público)

Explorar

La costa sur

El sur de Menorca concentra las mejores playas de la isla, en especial para quienes viajan en familia. Su paisaje es tranquilo y variado, con playas de fina arena, barrancos que desembocan en calas urbanizadas, pequeñas calas vírgenes casi desiertas que deparan paisajes de ensueño y un mar transparente, ideal para el buceo. A muchas se puede llegar en coche y todas son accesibles en un paseo a pie.

Lo esencial

- ***Calas Macarella y Macarelleta (p. 77)*** *Estas dos calas casi gemelas, protegidas por acantilados, se han convertido en auténticos iconos de la isla.*
- ***Cala en Porter (p. 66)*** *Cala de gran belleza natural, situada al final de un barranco, con acantilados que protegen la conocida Cova d'en Xoroi.*
- ***Son Bou (p. 74)*** *Es la playa más larga y una de las más concurridas; en un extremo están los restos de una antigua basílica paleocristiana.*
- ***Punta Prima (p. 73)*** *Pequeña playa de arena blanca y aguas turquesas, perfecta para ir en familia, situada justo enfrente de la Illa de l'Aire, hábitat de la lagartija negra.*

Cómo llegar y desplazarse

En verano hay autobuses de Maó a Sant Climent, Binibèquer, Cala Canutells, Cala Trebalúger, Cala en Porter, Son Bou, Cala Galdana y Sant Tomàs, y otros de Ciutadella a Son Bou, Cala Galdana, Sant Tomàs y Cala Macarella. En invierno hay menos líneas.

Lo mejor es desplazarse en vehículo propio. Hay agencias de alquiler en el aeropuerto y en las principales localidades.

A algunas calas solo se puede llegar a pie.

Plano de la zona en p. 72.

Cala Macarelleta (p. 77). STUDIO BARCELONA/SHUTTERSTOCK ©

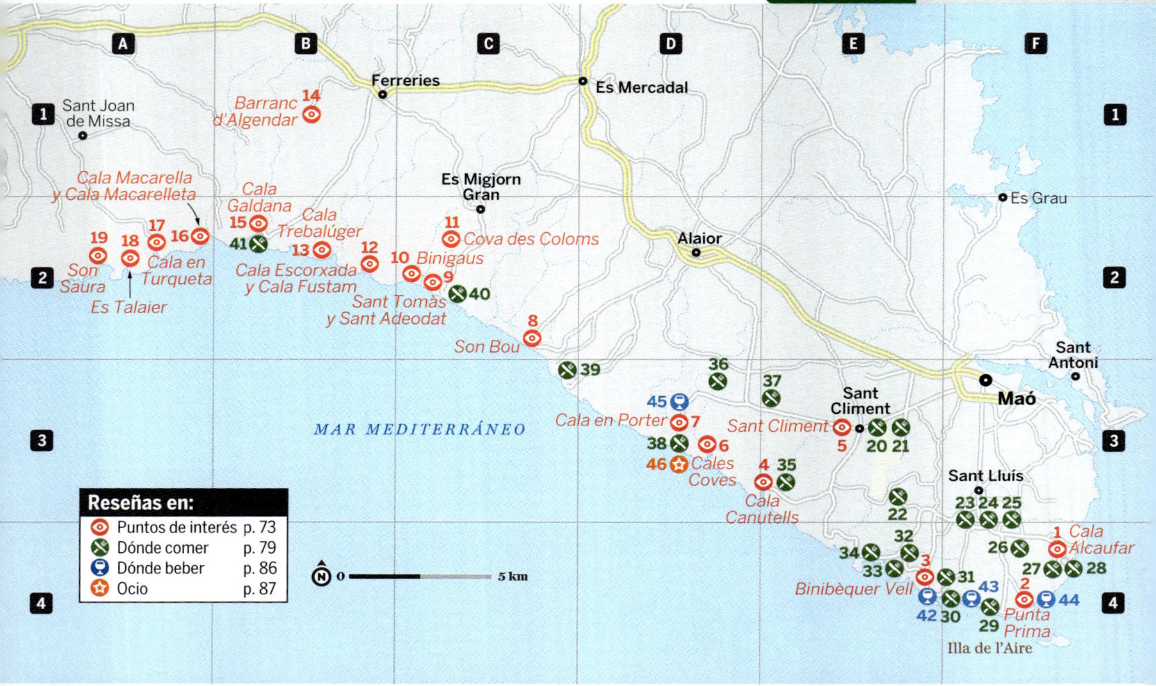
A
B
C
D
E
F
1
2
3
4
Sant Joan de Missa
Ferreries
Es Mercadal
Es Migjorn Gran
Alaior
Es Grau
Sant Antoni
Maó
Sant Climent
Sant Lluís
Illa de l'Aire
MAR MEDITERRÁNEO
14 Barranc d'Algendar
Cala Macarella y Cala Macarelleta
19
18
17
16
Son Saura
Es Talaier
Cala en Turqueta
15 Cala Galdana
41
13 Cala Trebalúger
12 Cala Escorxada y Cala Fustam
10
9 Binigaus
11 Cova des Coloms
40
Sant Tomàs y Sant Adeodat
8 Son Bou
39
36
37
45
7 Cala en Porter
38
6
46 Cales Coves
4
35
Cala Canutells
5 Sant Climent
20 21
22
23 24 25
26
1 Cala Alcaufar
27 28
32
34
33
3
31
Binibèquer Vell
42 30
43
29
2
44
Punta Prima
0
5 km
Reseñas en:
Puntos de interés p. 73
Dónde comer p. 79
Dónde beber p. 86
Ocio p. 87

Puntos de interés

Cala Alcaufar CALA

1 PLANO P. 72, F4

La Cala Alcaufar ha sido desde siempre un lugar de veraneo tradicional de los vecinos de Maó y Sant Lluís, donde construyeron sus características *cases de vorera* (p. 114). Estas diminutas construcciones disponen de un espacio en la planta baja para guardar la barca y los enseres de pesca, y una minúscula vivienda en el piso superior para pasar las noches de verano, y están tan integradas al paisaje que ni la edificación en su día de un pequeño hotel a pie de playa –el primero de Menorca– consiguió romper la armonía del lugar.

Punta Prima PLAYA

2 PLANO P. 72, F4

Situada enfrente de la **Illa de l'Aire** (hábitat de la lagartija negra, endémica de este islote) y dotada de todos los servicios, es una pequeña playa de arena blanca y aguas color turquesa, muy urbanizada debido a su fácil acceso y frecuentada por familias. En la época de la dominación inglesa de Menorca fue rebautizada como Sandy Bay (bahía arenosa).

Binibèquer Vell PUEBLO

3 PLANO P. 72, E4

Situado 8 km al sur de Maó, Binibèquer Vell es un falso poblado de pescadores levantado entre 1964 y 1968 siguiendo el proyecto arquitectónico de Javier Barba Corsini y Antonio Sintes. Despreciado por más de uno como reclamo turístico, sus casitas blancas, apretujadas a lo largo de estrechas calles que bajan hacia el embarcadero, tienen un aire que recuerda a las de un pueblo de las islas griegas.

Cala Canutells CALA

4 PLANO P. 72, E3

De reducidas dimensiones, está al final de un barranco, en la desembocadura de un torrente, y en época de lluvias puede formarse una minúscula albufera detrás de la playa. Es fácil llegar en coche desde Sant Climent, lo que ha provocado que esté bastante urbanizada.

Sant Climent PUEBLO

5 PLANO P. 72, E3

Este pequeño pueblo de aire rural, situado a 5 km de Maó y cerca del aeropuerto, fue fundado en el s. XIX por el obispo de Menorca. Su plaza principal está presidida por una iglesia neogótica, pero lo más interesante se encuentra en los alrededores, pues hay un gran número de monumentos megalíticos, como Talatí de Dalt (p. 68), las Taules de Binimaimut y la basílica paleocristiana de Fornàs de Torelló. El tercer fin de semana de agosto celebra sus fiestas con caballos y jinetes (como el resto de las poblaciones de Menorca), que llenan las pequeñas calles de visitantes. Debido al incremento del tráfico rodado experimentado en toda la isla en los últimos años,

Playas saturadas

Nadie discute que las playas del sur de Menorca son las más aptas para el baño, en especial si se va en familia. Pero esta popularidad hace que en temporada estival muchas de ellas estén saturadas, hasta el extremo de que en algunas se restringe el acceso a vehículos cuando se llenan. Para quienes no les gusten las multitudes pero quieran darse un remojón, lo mejor es ir pasada la media tarde, cuando el grueso de las familias ya ha abandonado la playa pero el día está aún claro. Si se opta por ir a primera hora de la mañana hay que hacerlo muy, muy temprano, pues cada vez hay más gente que a las 8.00 ya tiene la toalla extendida sobre la arena.

se han instalado drásticos límites de velocidad en las carreteras de acceso al pueblo.

Cales Coves

CALA

6 PLANO P. 72, D3

Playa virgen y paradisíaca, protegida del viento y dividida en dos calas minúsculas de gran valor arqueológico, con un centenar de cuevas prehistórica excavadas en la roca destinadas inicialmente a usos funerarios; en ellas se han encontrado restos megalíticos e incluso inscripciones romanas. Además, cuenta con una fuente de agua dulce dentro del mar. Se puede llegar en coche desde la urbanización Son Vitamina, pero es mejor hacerlo en bicicleta.

Cala en Porter

CALA

7 PLANO P. 72, D3

Cala formada por la desembocadura de un barranco, que conserva un gran encanto y belleza a pesar de estar urbanizada en exceso. Dispone de todo tipo de servicios, como tumbonas, bares, sombrillas, restaurantes, etc. En los acantilados que dan a mar abierto se encuentra la célebre Cova d'en Xoroi (p. 87).

Son Bou

PLAYA

8 PLANO P. 72, C2

La playa más extensa de Menorca tiene 2,5 km de fina arena y cuenta con chiringuitos en verano. Es el gran arenal de la isla y detrás tiene una zona de marismas conocida como Prat de Son Bou donde a veces pueden avistarse aves. Es muy turística, con zonas de tumbonas y sombrillas, aunque hacia el oeste se va asilvestrando. En el otro extremo, en el este, se alzan los vestigios de una antigua basílica paleocristiana del s. V, una construcción de 25 × 12 m, con tres naves separadas por columnas y una curiosa pila bautismal.

Sant Tomàs y Sant Adeodat

PLAYAS

9 PLANO P. 72, C2

Se trata de las playas urbanas de Es Migjorn Gran, largas, bordea-

Cala en Porter.

das por un extenso pinar y con complejos turísticos, por lo que son muy frecuentadas; ambas tienen todo tipo de servicios y la de Sant Tomàs está delimitada por un paseo detrás del cual se levanta la urbanización homónima. La playa de Sant Adeodat también es conocida con el nombre de Binicodrell. Las dos, junto con la colindante Binigaus, son ideales para dar largos paseos a pie.

Binigaus PLAYA

10 PLANO P. 72, C2

Paseando desde Sant Adeodat, cruzado el escollo de Codrell, se encuentra esta playa en la que desembocan los barrancos de Binigaus y S'Engolidor. Queda algo aislada y en ella destacan los agujeros que el mar ha creado en sus paredes de roca, utilizados habitualmente por quien busca un rincón de sombra. Muy tranquila, tiene un rincón donde se practica nudismo.

Cova des Coloms CUEVA

11 PLANO P. 72, C2

En el barranco de Binigaus, a medio camino entre Es Migjorn Gran y la playa de Binigaus y accesible solo a pie, se encuentra esta impresionante cueva de origen kárstico, conocida como "la catedral" debido a sus dimensiones: 24 m de altura, 11 m de longitud y 15 m de ancho. En su interior, de libre acceso, se han encontrado objetos de época talayótica.

Cala Escorxada y Cala Fustam

CALAS

12 ◉ PLANO P. 72, B2

Pequeñas calas situadas en un espacio protegido muy boscoso y separadas entre sí por la Punta de Sant Antoni. Escorxada es muy virgen y en Fustam hay una antigua cantera de marés. Como es difícil llegar a ellas (no hay carretera asfaltada, solo caminos), estas dos joyas de la costa sur acostumbran a estar poco concurridas (excepto en agosto, cuando son utilizadas como fondeadero de embarcaciones de recreo).

Cala Trebalúger

CALA

13 ◉ PLANO P. 72, B2

Prácticamente imposible llegar a ella en coche e incluso de difícil acceso a pie, Cala Trebalúger forma una pequeña playa con aguas de color turquesa, arena dorada y pinares. Con un pequeño torrente que (las pocas veces que llueve en invierno) desagua en ella, su inaccesibilidad la ha convertido en un refugio ideal para quienes buscan un paraje apartado de las multitudes. Para llegar, hay que ir a Cala Mitjana, aparcar el vehículo y, desde allí, seguir el camino hacia Trebalúger por la línea de costa; o llegar directamente desde el mar.

Barranc d'Algendar

PAISAJE

14 ◉ PLANO P. 72, B1

He aquí un insólito paraje en una isla seca y soleada. El riachuelo Algendar ha ido socavando el terreno hasta crear una estrecha garganta que en algunos puntos

Cala Fustam.

VEGEAS CHRISTIAN/SHUTTERSTOCK ©

alcanza los 80 m de profundidad. El barranco queda así protegido de los rayos directos del sol y del azote de la tramontana. Estos factores, unidos a la humedad proporcionada por el propio arroyo, crean un microclima que ha facilitado una agricultura intensiva, así como la aparición de un rico ecosistema con una gran riqueza de flora y fauna. Vale la pena recorrer sus 7 km, accesibles desde Ferreries, hasta la desembocadura del arroyo, en Cala Galdana. Hay que llevar un jersey, incluso en pleno verano. Ni qué decir tiene que como consecuencia del cambio climático el paisaje de este rincón natural puede verse modificado en los próximos años.

Cala Galdana

CALA

15 ◎ PLANO P. 72, B2

Esta ensenada configuraría uno de los paisajes más bellos de Menorca si no fuera por la intensa explotación turística que ha sufrido, especialmente con la construcción de un hotel que arrasó zonas de bosque. Creada por la desembocadura natural del arroyo Algendar, forma una playa arenosa semicircular, rodeada de acantilados. Tiene todo tipo de servicios y a pesar de las construcciones, conserva rincones de gran belleza natural.

La posidonia

En muchas playas de Menorca es habitual encontrar posidonia *(Posidonia oceanica)*, una planta acuática (no un alga) endémica del Mediterráneo. En contra de lo que muchos puedan creer, esta planta no ensucia las playas, sino todo lo contrario, ya que protege la costa de los procesos de erosión y es un excelente bioindicador de la calidad de las aguas, es decir, cuanta más posidonia, aguas más limpias y sanas para bañarse.

Cala Macarella y Cala Macarelleta

CALAS

16 ◎ PLANO P. 72, A2

Estas dos pequeñas calas, casi gemelas, accesibles desde Cala Galdana (a pie, bosque través) o desde Ciutadella por el Camí de Sant Joan de Missa, se han convertido en auténticos iconos naturales y turísticos de Menorca. En lo alto de los acantilados que las ciñen se abren unas cuantas cuevas prehistóricas con funciones funerarias. En verano hay un servicio de autobús hasta ellas desde Ciutadella, pues se restringe el acceso de vehículos debido al gran número de visitantes que acuden a ellas.

Es Talaier.

Cala en Turqueta

CALA

17 PLANO P. 72, A2

Cala tranquila, con arena blanca, un frondoso pinar y aguas de un intenso azul claro, tan serena que dan ganas de quedarse a vivir en ella. Se accede desde Ciutadella por la ronda sur hacia Maó. Está bien señalizada, incluso con información en tiempo real sobre la ocupación del aparcamiento (en verano casi siempre está al completo ya a primera hora de la mañana).

Es Talaier

CALA

18 PLANO P. 72, A2

Paradisíaca cala de arena fina y blanca, frecuentada por naturistas, de dimensiones mucho más reducidas que su vecina Son Saura y protegida por un extenso pinar. Para acceder a ella, hay que aparcar en Son Saura y caminar 15 min por el sendero que sale a la izquierda.

Son Saura

PLAYA

19 PLANO P. 72, A2

Playa formada por dos grandes arenales, con aguas cristalinas y adaptada para sillas de ruedas. Debido a su fácil accesibilidad, su entorno natural y la poca profundidad de sus aguas, es ideal para ir a bañarse en familia. Como sucede en Es Talaier, su arena es blanca debido a la descomposición de la caliza. No hay que confundirla con el Arenal de Son Saura (p. 96), situado en la zona norte de la isla.

Dónde comer

Es Molí de Foc MEDITERRÁNEA €€

20 PLANO P. 72, E3

Un antiguo molino del s. XIX del pueblo de Sant Climent fue convertido en su día en un restaurante donde desde hace 25 años se elaboran unos arroces únicos y platos cocinados con cerveza artesana de elaboración propia, la Graham Pearce. La bodega es completísima y en las paredes del restaurante se exponen obras de reconocidos artistas. Dispone de un patio interior muy agradable. En el momento de redactar esta guía, su dueño estaba a punto de jubilarse y no se sabía a ciencia cierta cómo evolucionará el local. (971 153 222; www.esmolidefoc.es; Carrer Sant Llorenç 65, Sant Climent; principales 23-40 €; 13.00-15.30 y 20.00-23.00 ma-sa, 13.00-15.30 do)

Casino de Sant Climent TRADICIONAL, TAPAS €€

21 PLANO P. 72, E3

Bar-restaurante de toda la vida, que dispone de un surtido de generosas tapas y raciones de cocina menorquina bien elaboradas: carne con guisantes, albóndigas, berenjena rellena, arroces, ensaladas, pescado fresco, pollo, bocadillos, etc. El restaurante es un gran dinamizador cultural del pueblo de Sant Climent y a menudo organiza entretenidas Jam Sessions de *jazz*. Además, con su horario de cocina, es ideal para los aficionados a los desayunos de tenedor y cuchillo. (971 153 418; www.casinosantcliment.com; Carrer Sant Jaume 4, Sant Climent; principales 16-20, menú diario 18 €; 7.00-17.00 y 19-30-23.30 ma-do)

Cerrado en invierno

Si se viaja a Menorca entre octubre y Semana Santa, antes de ir a un restaurante, en especial en la franja de costa, hay que llamar para averiguar si está abierto, pues la mayoría de establecimientos cierran los meses más fríos, cuando disminuye el número de turistas que visitan la isla.

Sa Parereta d'en Doro MENORQUINA CONTEMPORÁNEA €€

22 PLANO P. 72, E3

Doro Biurrún, apasionado de los fogones desde niño, está considerado uno de los mejores cocineros de la isla. En su restaurante situado en pleno campo ofrece cocina menorquina con toques creativos, a veces incluso mezclando sabores orientales. Cuenta con un interesante menú gastronómico. Al lado hay un *wine bar* donde se puede picotear algo más informal tomando una buena copa de vino. (971 150 353; www.saparereta dendoro.com; Camí Binisafuller s/n; principales 18-22 €; 20.00-23.30 mi-do, 13.00-16.00 y 20.00-23.30 vi-sa, horario reducido fuera de temporada)

Villa Blanca

CREATIVA €€

23 PLANO P. 72, F3

Ocupa una antigua casa señorial del s. XIX del barrio de S'Uestrà, en las afuera de Sant Lluís. Con un jardín exótico de ensueño, unas terrazas protegidas con pérgolas y un comedor interior con una cuidada decoración, ofrece una cocina creativa y viajera, con especialidades como el *micuit* de fuagrás de pato, compota de cebolla y jengibre, o las albóndigas de ternera estilo oriental salsa blanca. En la barra, dispuesta a modo de *lounge* bar, se pueden degustar cócteles y a menudo los jueves hay espectáculo. (871 049 306; www.villablanca-restaurant.com; Camí de S'Uestrà 4, S'Uestrà; principales 22-30 €; 19.00-2.00 ma-do)

Pan y Vino

FRANCESA €€

24 PLANO P. 72, F3

Patrick ha sabido combinar en sus fogones la *grandeur* de la cocina francesa y la sencillez de los ingredientes menorquines, todo ello sazonado con un sabio toque creativo. Su mujer, Noelia, hace de jefa de mesa con una maestría única. Sus dos menús son espectaculares y la carta, reducida pero muy escogida, cambia cada dos semanas. El restaurante ocupa una bonita casa de campo en el caserío de Torret. (971 150 201; www.panyvinomenorca.com; Camí de la Coixa 3, Torret; menú 45 €, menú degustación 75 €, principales 24-28 €; variable en función del mes, consultar la web)

Sa Pedrera des Pujol

DE AUTOR €€

25 PLANO P. 72, F3

Este reputado restaurante con solera ocupa una bella casa de campo con varios comedores y dos terrazas, situada sobre una antigua cantera de marés centenaria. Al frente están los asturianos Dani y Nuria, que han sabido aunar en su cocina los sabores cántabro y mediterráneo, además de recuperar las esencias de los platos menorquines más antiguos. En su bodega reposan una amplísima variedad de vinos. El menú degustación, que satisfará al *gourmet* más exigente, debe solicitarse con antelación. (971 150 717; www.sapedreradespujol.com; Camí des Pujol 14, Torret; menú degustación 100 €, principales 24-35 €; 13.30-15.30 y 19.30-22.30)

Alcaufar Vell

MEDITERRÁNEA €€

26 PLANO P. 72, F4

Quien quiera disfrutar de una comida en medio del campo menorquín puede ir a este restaurante del hotel homónimo situado en una hermosa casa señorial a la que se llega por un camino de tierra. Ofrece cocina mediterránea elaborada con productos de proximidad. En invierno ocupa las antiguas cocheras de la casa y en verano se traslada a un jardín al aire libre a la sombra de viejos *ullastres*. Además de almuerzos y cenas, sirve desayunos de cuchillo y tenedor, un *brunch* desde las 10.00 o cócteles a la puesta de sol. (971 151 874; alcaufarvell.com/

es/restaurante; ctra. d'Alcaufar km 8; principales 21-35 €, menú degustación 49,50 €; jun-sep)

Hotel Xuroy

MARINERA €€

27 PLANO P. 72, F4

En la Cala Alcaufar se encuentra el hotel más antiguo de la costa oriental de Menorca, inaugurado en 1954. Su restaurante, situado en una esplendorosa terraza y abierto a todo el mundo, casi a pie de playa, ofrece arroces y pescado fresco que a diario les traen los pescadores de la zona. Es un lugar que vale la pena tener en cuenta si se viaja con niños. (971 151 820; www.xuroymenorca.com/es/restaurante; Cala Alcaufar; principales 18-32 €; 12.30-16.00 y 19.30-22.00 may-oct)

Piccolo Mundo

INTERNACIONAL €€

28 PLANO P. 72, F4

Lo mejor de este restaurante es su terraza, con unas vistas insuperables, y la tranquilidad que se respira, a años luz del bullicio de otros locales costeros. Sin excesivas pretensiones culinarias, sirve un poco de todo, desde pescado a la plancha hasta filetes, *pizzas* y patatas bravas. Otra de sus ventajas es que, cuando la mayoría de bares y restaurantes de esta parte de la costa han echado el cierre por final de temporada, normalmente permanece abierto. (971 151 073; Carrer Xaloc 17, Alcaufar; principales 16-25 €, menú 20,50; 10.30-23.30, cocina 12.00-15.30 y 19.99-22.00, cerrado lu)

Villa Blanca Menorca.

La Calita

MEDITERRÁNEA €

29 PLANO P. 72, F4

En la encantadora cala de Biniancolla, este restaurante antiguamente conocido como La Baía cambió de dueños y ahora, rebautizado como La Calita, ofrece una carta corta pero variada en la que destacan la terrina de pato con pistachos y ciruelas, las albóndigas de cordero con salsa de yogur y menta, o los mejillones con sobrasada y chili. Con una excelente relación calidad-precio, aquí, además de por la comida, se viene para disfrutar de las excelentes vistas. (971 617 673; www.lacalitamenorca.com; Passeig Marítim 23, Biniancolla; principales 12-18 €; 13.00-15.00 y 19.00-22.00 mi-do)

Binibèquer Vell.

Sa Cova del Sol

BRASA €€

30 PLANO P. 72, F4

Bajo un frondoso pinar de Cala Torret, cerca de Binibeca, en este bar y restaurante que se autodenomina como un espacio de "art & tapas" tanto se puede ir a tomar unas tapas como comer carne a la brasa, hamburguesas o *piadinas*. Sin duda, lo mejor es el lugar, pues suele correr una suave brisa los calurosos mediodías del verano. También es perfecto para tomar una copa al atardecer bajo los pinos. (646 268 097; www.sacovadelsol.com; Camí de s'Anfós Blau 57, Cala Torret; principales, 17-22 € variable)

Bambú

INTERNACIONAL €€

31 PLANO P. 72, F4

Restaurante y bar de copas a la vez, con una carta que combina productos frescos locales, como hamburguesas de ternera menorquina, junto a tapas más internacionales como *bao bun* de pato, incluidas opciones vegetarianas, veganas y sin gluten. También sirven cócteles y cuenta con diferentes espacios, entre ellos un jardín zen, ideales para disfrutar de la puesta de sol y las espectaculares vistas con un buen combinado en la mano. (971 358 969; www.bambumenorca.com; Passeig Marítim 38, Binibèquer Vell; principales 20-33 €; 18.00-1.00)

Thai Menorca

TAILANDESA €€

32 PLANO P. 72, E4

Quien quiera probar comida exótica tiene su cita en este restaurante situado en una antigua boyera en medio del campo, que ofrece auténtica comida tailandesa. Sus curris, tempuras, *gyozas* y woks son deliciosos. Además, quien lo desee, antes o después de la comida puede obsequiarse con un masaje tailandés (1/1½/2 h 45/65/85 €) en las instalaciones del establecimiento, justo al lado del restaurante. (971 151 786; www.thaimenorca.com; Carrer Llevant 40, Binissafuller; principales 13-23 €; 13.00-17.00 y 19.30-23.00, cerrado mi)

Club Náutico Binisafúa

MEDITERRÁNEA €€

33 PLANO P. 72, E4

Situado en Binissafúller, a pocos metros del mar y con una decoración marinera, llama más la atención por sus vistas, en especial a media tarde, que por la comida. Tiene mucho encanto y es ideal para un picoteo informal a base de tapas, como almejas al vino blanco y ortigas de mar, en su terraza mientras se contempla el ocaso. (971 357 741; www.nauticobinisafua.com; Passeig de la Mar 29, Binissafuller; principales 19-29 €; 12.00-23.00)

El Txoko

MARINERA €€

34 PLANO P. 72, E4

Restaurante con una terraza espléndida y un pequeño estanque rodeado de mesas que da frescor las noches de verano. Sus platos, principalmente de pescado, huyen de las florituras y priman la calidad del producto; se puede hacer una cena informal con tapas para compartir, o pedir platos más contundentes. Acostumbra a estar lleno, sobre todo de menorquines, por lo que se hace imprescindible reservar. La relación calidad-precio es imbatible. (971 157 395; Carrer Gregal 11, Binissafuller; principales 17-25 €; almuerzo ma-do, cena vi y sa)

Ternera de Menorca

Es de sobra conocida la calidad del pescado menorquín, con el que se elaboran la mayoría de las recetas locales. Lo que no todo el mundo sabe es que la ternera de la isla es igualmente deliciosa y sabrosa, en especial la raza autóctona Vermella Menorquina, muy melosa, que para obtener el sello de calidad debe tener un tiempo de maduración desde 7 a más de 30 días. La Associació de Ramaders i Ramaderes de Bestiar Boví de Raça de Menorca, que vela por su conservación y mejora, a veces organiza jornadas gastronómicas dedicadas a la ternera menorquina en varios restaurantes locales. Probarla es fácil pues está presente en muchas cartas y menús de la isla.

Queso de Maó

Uno de los productos más emblemáticos de Menorca es el **queso de Maó,** con Denominación de Origen Protegida, elaborado con leche de vaca de manera artesanal, según una receta milenaria. Los hay de dos tipos en función de si la leche es cruda recién ordeñada o pasteurizada, y de tres variedades distintas: tierno, semicurado y curado. Además, en los últimos años han aparecido nuevas variantes de queso azul, cremoso e incluso de leche de cabra. Lo venden en todas las tiendas de alimentación, pero vale la pena buscarlo –y probarlo– en los mercados y mercadillos de la isla.

Es Canutells PESCADO **€€**

35 PLANO P. 72, E3

De trato personal y con un ambiente de taberna marinera, tiene hermosas vistas a la Cala Canutells. Además de la carta, con arroces, chipirones, gambas y todo lo que se espera de un restaurante costero, siempre hay que preguntar sobre las capturas del día, fresquísimas. Y quien quiera descansar del pescado puede pedir unas manitas de cerdo. Tiene una excelente relación calidad-precio, y su situación facilita que uno se pueda dar un chapuzón en el mar antes o después de sentarse a la mesa. (971 188 934; urbanización Es Canutells, Cala Canutells; principales 18-24 €; 11.30-22.30, cerrado mi jul-sep, cerrado ma almuerzo y mi may y jun, cerrado resto del año)

Torralbenc DE MERCADO **€€€**

36 PLANO P.___, D3

Restaurante de alta calidad del lujoso hotel y bodega (p. 152) homónimos, asesorado por el "Michelin" Gorka Txapartegi, que ha sabido aunar las técnicas de la cocina vasca y los sabores más típicamente menorquines. Está situado entre Sant Climent y Cala en Porter y cuenta con una reducida pero exquisita carta de platos de temporada de proveedores locales. También ofrece un menú de cena romántica (135 €). A la hora de pedir un vino, lo suyo es probar uno de la firma Torralbenc. (971 377 211; www.torralbenc.com/restaurante; ctra. Maó-Cala en Porter km 10; menú degustación 75 €, principales 45-65 €; 13.00-15.15 y 19.30-22.30)

Can Bernat ASADOR, MEDITERRÁNEA **€€**

37 PLANO P. 72, E3

Regentado por una familia que hace que el comensal se sienta como en el propio hogar, este restaurante en una casa de campo está especializado en carnes a la brasa y ha conseguido crear un grupo de clientes fieles que acuden regularmente para probar sus platos, que también incluyen generosas paellas. (971 377 294; ctra. Maó-Cala en Porter km 8; principales 15-29 €; 12.00-16.00 y 19.00-24.00, cerrado ma)

El Pulpo

MEDITERRÁNEA €€

38 PLANO P. 72, D3

Con más de dos décadas de experiencia, se trata de un local cómodo con un agradable jardín, situado en el corazón de Cala en Porter, que ofrece una variada carta de comida mediterránea, con sugerencias como paella con pulpo y gambas, calamares rellenos a la menorquina o pollo al curri. Hay que reservar espacio para los postres caseros. Al igual que muchos establecimientos de costa, en invierno permanece cerrado. (971 181 166; Carrer Església 21, Cala en Porter; principales 15-22 €; 13.30-15.30 y 19.00-23.30 may-oct, cerrado mi)

Menorca Experimental

MEDITERRÁNEA €€

39 PLANO P. 72, C3

Quien quiera darse un capricho, puede ir al restaurante de este precioso hotel que ocupa una casa del s. XIX en pleno campo. Ofrece una cocina basada en los productos de temporada, muchos de ellos cultivados en el huerto de la propia finca, de aire mediterráneo y contemporáneo. (610 445 714; Camí de Llucalcari; principales 20-30 €; 13.00-15.00 y 19.00-22.00)

Es Bruc

CHIRINGUITO DE PLAYA €€

40 PLANO P. 72, C2

En la playa de Sant Adeodat, en primera línea de mar y con acceso directo a la playa, a este restaurante tipo chiringuito no se

Bambú (p. 82).

Mercadillos de tarde

En verano, varias localidades montan mercadillos vespertinos, ideales para, tras un día de playa, pasear y comprar bisutería, productos artesanales e incluso un buen pareo para ir a la playa. Entre los de la costa sur destacan el de **Cala en Porter** (19.00-23.00 lu y ju may-oct) y el de **Punta Prima** (18.00-24.00 lu, mi y ju 8.00-23 do fin jun-sep).

viene a buscar lujo (los manteles son de papel) sino buen precio, mejor localización y platos típicos mediterráneos sin florituras pero de calidad. Las raciones son muy generosas y no aceptan reservas, por lo que a veces toca hacer cola. En la Cala Santandria, cerca de Ciutadella, tienen otro local de características parecidas. (971 370 488; playa de Sant Adeodat; principales 15-32 €; 10.00-23.00)

El Mirador

MARINERA **€€**

41 PLANO P. 72, B2

Situado en un enclave privilegiado de Cala Galdana protegido por pinos y asomado a la propia cala, ofrece productos mediterráneos y arroces de marisco. Aquí se viene más por las vistas que por la calidad de la comida y el servicio, francamente mejorable. (971 154 503; www.elmirador-restaurante.com; Cala Galdana; principales 18-25 €; 12.00-23.00 Semana Santa-oct)

Dónde beber

Paupa

BAR MUSICAL

42 PLANO P. 72, E4

Este pequeño local, con una gran terraza frente al mar, durante el día es un bar de playa familiar, al mediodía y a la hora de cenar ofrece una cocina sencilla pero sabrosa, y por la noche se convierte en bar de copas y, ocasionalmente, en sala de conciertos al aire libre. Es perfecto para un aperitivo o un picoteo a media tarde. (971 359 030; www.paupa.es; Carrer de Platja de Llevant s/n, Cala Torret; 11.00-24.00 may-sep)

Cocoon

TAPAS, PLATILLOS

43 PLANO P. 72, F4

Este pequeño local que quiere ser un espacio de *food and fun*, ofrece pinchos y platillos diferentes, originales y muy bien elaborados, que se preparan siempre al momento, dando sentido al concepto de "cocina efímera". Para beber, además de lo habitual en cualquier bar, hay vinos singulares. (660 771 539; Carrer dels Dàtils 10, Cala Torret; 12.00-24.00 verano)

Aire

CHIRINGUITO DE PLAYA

44 PLANO P. 72, F4

Restaurante-chiringuito playero en primera línea de mar situado frente a la Illa de l'Aire (de ahí su nombre), que sirve arroces y platillos para picar, como albóndigas de merluza y gamba. También ofrece cócteles y zumos naturales

Cova d'en Xoroi.

y en verano a veces hay música en directo a la puesta de sol. (☎971 200 467; Carrer Major 22, urbanización Punta Prima; ⏰11.00-24.00 may-oct)

007 TAPAS

45 PLANO P. 72, D3

Con un amplio jardín, música ambiental muy acertada y unas selectas tapas a precios razonables, este bar constituye un rincón insólito en la masificada Cala en Porter; tranquilamente podría estar en la sección de restaurantes de este capítulo. Algunas noches hay música en directo y es perfecto tanto para una cena a base de tapas como para una copa nocturna. (☎660 771 539; Carrer Sant Vicenç 12, Cala en Porter; ⏰Semana Santa-sep 12.30-24.00)

Ocio

Cova d'en Xoroi DISCOTECA MULTIUSO

46 PLANO P. 72, D3

Local clásico, ubicado en una cueva natural en un escarpado acantilado con magníficas vistas al mar. Inaugurado en 1964, en verano dividen el día en diferentes franjas: comienza como bar de copas ideal para tomar el aperitivo, al atardecer hay sesión de puesta de sol y música en directo, y por la noche se convierte en la discoteca reina de Cala en Porter, donde han pinchado DJ de fama internacional. Si se va con niños, es recomendable ir solo por la mañana. (☎971 377 236; www.covadenxoroi.com; Carrer de sa Cova 2, Cala en Porter; ⏰11.30-anochecer jun-sep, 15.00-anochecer may y oct, solo sa y do nov, discoteca desde 23.00)

Merece la pena

Recorrer la isla a través de El Camí de Cavalls

El Camí de Cavalls es un sendero de 185 km que rodea toda la línea de costa de Menorca y que puede ser recorrido a pie o en bicicleta –o incluso a caballo–, ya sea en su totalidad o en alguno de sus tramos. Su origen se remonta al s. XIV, cuando se abrió esta ruta como sistema de salvaguarda, pues permitía una rápida comunicación entre las torres de defensa y fortificaciones militares que protegían todo el perímetro de la isla.

Historia del Camí de Cavalls

En el s. XIV, Jaume II de Mallorca mandó abrir un camino que permitiera recorrer el litoral a los jinetes para una eficaz defensa de la isla. En los ss. XIX-XX muchos propietarios de terrenos cerraron los accesos a su paso por sus fincas, con lo que, poco a poco, el camino se fue desdibujando, pero a partir de 1980 la presión popular forzó su progresivo uso público. En el 2009 se restableció la libre circulación a pie, a caballo o en bicicleta y hoy el Camí de Cavalls, convertido en el GR-223, se puede recorrer en toda su extensión. En la actualidad se ha convertido en una seña de identidad más de los menorquines.

Cómo recorrerlo

La manera más habitual de recorrer esta ruta es a pie, lo que permite disfrutar de todos los paisajes y llegar a playas, bosques, roquedos y acantilados inaccesibles en vehículo motorizado. Su trazado está dividido en 20 etapas señalizadas sobre el terreno, con unas distancias que van desde 6 km la más corta hasta 13,6 km la más larga. Están pensadas para caminar durante una jornada en excursiones circulares, aunque lo mejor es recorrerlo en toda su extensión; en este caso habrá que preparar bien la infraestructura, pues en la mayoría de finales de etapa no hay alojamientos, restaurantes ni servicios.

Las mejores etapas

Aunque las 20 etapas son interesantes, las mejores son: de Es Gau a Favàritx, de 8,6 km y dificultad media (unas 3 h de recorrido); de Favàritx a s'Arenal d'en Castell, de 13,6 km y dificultad media (4 h); de Binimel·là a Els Alocs, de 8,9 km y dificultad alta (4 h); de Cala Morell a Punta Nati, de 7 km y dificultad baja (2½ h); de Cala en Turqueta a Cala Galdana, de 6,4 km y dificultad baja (2½ h); y de Cala Galdana a Sant Tomàs, de 10,8 km y dificultad media 84 h.

★ Consejos

- Es imprescindible llevar agua, comida y protección solar, pues la mayoría del recorrido pasa por parajes naturales sin servicios.
- Como gran parte de la ruta discurre por caminos pedregosos, es importante llevar un buen calzado.
- La empresa **Camí de Cavalls 360°** (www.camidecavalls360.com) se encarga cada día de llevar a los caminantes al inicio de una etapa y recogerlos por la tarde al final de la misma. Es muy útil si se quiere recorrer el Camí de Cavalls en toda su extensión.
- Se aconseja consultar la previsión meteorológica: si hay tramontana, es mejor hacer las etapas meridionales, y si sopla viento del sur, se disfrutarán más las del norte.

Explorar

Pueblos del interior y costa norte

La costa norte, azotada históricamente por la tramontana y formada por altos acantilados y un litoral abrupto, está presidida por el imponente Cap de Cavalleria. Tierra adentro la realidad es bien distinta; el paisaje está moteado por pueblos que han sido capaces de mantener su aire ancestral junto a una oferta turística muy variada, con Alaior como gran centro cultural y Mercadal como lugar de encuentro.

Lo esencial

- ***Fornells (p. 92)*** *Célebre por su caldereta de langosta, está frente a una hermosa bahía refugio de veleros. Desde allí es fácil llegar al Cap de Cavalleria (p. 96).*
- ***Monte Toro (p. 95)*** *Aunque solo tiene 357 m de altitud, es el punto más alto de Menorca, con vistas de 360 grados.*
- ***LÔAC (p. 101)*** *Centro cultural en Alaior con una espectacular colección de arte contemporáneo.*
- ***Centre Artesanal de Menorca (p. 100)*** *Visitar este centro es una excusa perfecta para conocer el pueblo de interior de Es Mercadal.*

Cómo llegar y desplazarse

Hay autobuses que cruzan la isla de punta a punta, haciendo paradas en Alaior, Es Mercadal y Ferreries. La línea 41 une Fornells con Es Mercadal y Maó.

Para desplazarse por el norte, sin apenas transporte público, lo mejor es alquilar un vehículo. Hay agencias de alquiler en el aeropuerto y en las principales localidades.

A muchos enclaves de la costa norte solo se puede llegar a pie, siguiendo el Camí de Cavalls.

Plano de la zona en p. 94.

Playa de Arenal d'en Castell. PAWEL KAZMIERCZAK/SHUTTERSTOCK ©

Las mejores experiencias

Degustar la famosa caldereta de langosta en Fornells

El pueblo de Fornells, célebre por las calderetas de langosta que se sirven en sus afamados restaurantes y encarado a la espectacular bahía homónima, ha sabido conservar su aspecto marinero y tradicional a pesar de la presión turística y constituye un magnífico punto de partida hacia algunas de las más bellas calas de la costa norte, como Tirant o Pregonda, y hacia rincones como el faro de Cavalleria.

PLANO P. 94, C2

Pueblo de Fornells

Fornells, pueblo situado en la bahía del mismo nombre, es una pedanía de Es Mercadal que se desarrolló a los pies del castillo de Sant Antoni, del s. XVII. Vale la pena realizar un sosegado paseo por el centro de la localidad, hoy peatonal, con calles angostas, casas inmaculadamente blancas y la coqueta Església de Sant Antoni, y luego recorrer el paseo marítimo, contemplando el espectacular paisaje de la bahía, a un lado, y los restaurantes que desprenden un sugestivo aroma a caldereta, al otro. En la zona portuaria están amarrados *llaüts* y otros barcos utilizados para la pesca junto a embarcaciones deportivas de todo tipo.

Bahía de Fornells

El origen del pueblo de Fornells debe buscarse en su espléndida bahía, un puerto natural de más de 3 km de longitud que en su día fue refugio de piratas y en la actualidad abrigo de muchas embarcaciones que se protegen de la tramontana. Por su situación, es ideal para la práctica de deportes náuticos y en su interior se encuentran las islas de Ses Sargantanes y de Rovellats, que le dan aún más atractivo.

Torre de Fornells

Esta antigua torre de defensa fue construida entre 1801 y 1802 por los británicos para proteger la entrada del puerto de Fornells e impedir o retrasar posibles desembarcos enemigos. Es una de las más grandes y mejor conservadas de toda la isla (en la actualidad quedan 14 torres de defensa en toda Menorca, 11 de las cuales son de origen británico) y consta de cuatro niveles: la cisterna, el almacén, el 1er piso, donde vivían las tropas, y la terraza, que servía de punto de vigilancia y donde estaba la artillería; desde ella se alcanzan amplias vistas de 360° de la costa norte de Menorca.

★ Consejos

- La Torre de Fornells alberga una exposición que traslada al visitante al s. XIX y le permite descubrir las características del edificio y cómo era el día a día de la guarnición allí destacada.
- La temporada de pesca de las langostas con que se prepara la típica caldereta, el plato estrella de Fornells, va de abril a finales de agosto, la época más interesante para probar este suculento plato.

Una pausa

En la década de 1960 Fornells fue refugio de artistas y aquí recaló el noruego Arnulf Björndal, quien mandó construir el edificio de **Sa Taula** (Carrer Major 2), que se convirtió en lugar de encuentro del mundo de las artes. Hoy es un bar y restaurante de tapas, ideal para recordar el pasado bohemio del pueblo mientras se comparte un pulpo a la brasa o unas carrilleras.

A
B
C
D
1
2
3
4
5
6
MAR MEDITERRÁNEO
Illa des Porros
Cap de Cavalleria
4 Cap de Cavalleria
Cala Viola de Llevant
Illes Bledes
Platja de Farragut
Cala en Calderer
2 Cala Pregonda
3 Binimel·là
Son Ermità
S'Alairó
11 Castell de Santa Àgueda
Punta de na Guillemassa
Cap d'en Pentinar
35
Fornells
17 18 19 20 21
Platges de Fornells
22
Arenal de Son Saura y Cala Pudent
5
Ses Salines
Cala Blanca
23 24
Son Parc
Arenal d'en Castell 6
25
26
Coves Noves
7 Port d'Addaia
10 Binissuès
43
Sant Joan des Horts
Llucatx
Centre de Geologia de Menorca
Es Mercadal
28 29 30 31
12 Aljub d'en Kane
40 41
Binifabini
Ferreries 8 9
27
1
Sa Roca
Son Gras
Rafalet Nou
13 Centre Artesanal de Menorca
Monte Toro
Albaida (172 m)
Esglèsia de Sant Bartomeu
42 44 45 46
32 14 Es Migjorn Gran
37 38 39
33
34 Alaior
LÔAC 16 15 Convent de Sant Diego y Pati de sa Lluna
Sant Agustí
Santa Mònica
Sant Tomàs
Barranc de Cala en Porter
36
Sant Jaume Mediterrani
Son Bou
Llucalari
Sant Llorenç
Torralbenc
Caleta de Sant Llorenç
Cala en Porter
Reseñas en:
Las mejores experiencias p. 92
Puntos de interés p. 95
Dónde comer p. 102
Dónde beber p. 107
Ocio p. 108
De compras p. 109
0 5 km

Puntos de interés

Monte Toro

MONTAÑA

1 PLANO P. 94, C3

Sus 357 m de altitud convierten este monte en el punto culminante de Menorca. En un día despejado, desde su cima puede verse toda la isla y parte de la vecina Mallorca. La panorámica sobre la bahía de Fornells y las calas del norte es, sencillamente, espectacular. Su nombre procede del árabe Al Thor, herencia de la época musulmana de la isla.

En la cumbre hay un conjunto monástico, que el horrible cúmulo de antenas de la zona no consigue afear. Su iglesia fue construida a finales del s. XVI, pero debido a los destrozos sufridos a comienzos de la Guerra Civil, requirió una restauración que la modificó de manera considerable. En el interior se custodia la imagen de Nuestra Señora del Toro, una talla de madera encontrada por unos frailes mercedarios en el s. XIII. Junto al santuario hay un restaurante y una tienda de recuerdos.

Cala Pregonda

CALA

2 PLANO P. 94, B2

El acceso a esta recóndita cala solo puede realizarse por barco o caminando desde la vecina playa de Binimel·là por un tramo del Camí de Cavalls (30 min), lo que la convierte en una de las menos frecuentadas de la isla. No llega a los 200 m de longitud, tiene forma de herradura y está protegida por una serie de islotes que dibujan su perfil occidental. El azul turquesa

Bahía de Fornells desde el monte Toro.

de sus aguas, el tostado de su fina arena y el rojizo de las rocas crean un conjunto cromático con una armonía que pocos pintores osarían imaginar, a lo que hay que añadir uno de los fondos marinos más espectaculares de la isla. Se cuenta que, en los ya lejanos años setenta, Mike Oldfield ocupó una de las casas de la cala para descansar y digerir el éxito de su disco *Tubular Bells*.

Binimel·là PLAYA

3 PLANO P. 94, B2

El norte de Menorca se caracteriza por su abrupta costa, modelada por la tramontana, pero en medio de este panorama sorprende encontrar la amplia playa de Binimel·là, de fácil acceso y con un aparcamiento donde dejar el coche. Para llegar desde el *parking* al agua, hay que rodear unas dunas y un torrente donde suelen verse diferentes tipos de aves. Desde la playa, además de bañarse en unas aguas cristalinas, pueden hacerse excursiones a pie a las cercanas Cala Pegonda al oeste y Cala Mica al este, siguiendo el Camí de Cavalls.

Cap de Cavalleria CABO Y FARO

4 PLANO P. 94, B1

A 6 km de Fornells, en el extremo del Cap de Cavalleria, un escarpado cabo con un alto acantilado de 94 m, se yergue el **faro** más espectacular de Menorca, con una de las panorámicas más impresionantes de la isla, sobre todo en verano durante la puesta de sol. El faro alberga el **Nord del Nord, Centre d'Interpretació del Cap de Cavalleria** (adultos/menores de 12 años 3 €/gratis; 10.30-19.30 ma-do jun-sep, también 13.30-19.30 lu jun-ago, 10.00-13.30 diario may y oct, visitas concertadas resto del año), que muestra las particularidades del norte de la isla y la historia del propio faro. Alrededor, camuflados entre las rocas, se ocultan varios búnkeres de la Guerra Civil, y al principio de la península de Cavalleria, al sur, se encuentra Santija, con los restos de un asentamiento romano.

Arenal de Son Saura y Cala Pudent PLAYAS

5 PLANO P. 94, D2

También conocido como Arenal de s'Olla o Son Parc, nombre este último que se corresponde con la urbanización que ha crecido en la zona, el Arenal de Son Saura –no hay que confundirlo con la playa de Son Saura (p. 78), un gran arenal en la zona suroeste de la isla– cuenta con una larga playa de arena de más de 300 m de largo y una franja de dunas detrás. A la izquierda, en un rincón resguardado y completamente virgen, se encuentra la pequeña Cala Pudent, de aguas transparentes.

Arenal d'en Castell PLAYA

6 PLANO P. 94, D2

Hasta los más acérrimos aficionados a las playas vírgenes reconocen que el Arenal d'en

Efectos de la tramontana

El paisaje isleño parece tallado en piedra por la tramontana, el potente viento del norte que se forma en los Alpes y baja a toda velocidad por el valle del Ródano para 'despeinar' Menorca. Aquí es muy fácil saber dónde están el norte y el sur, pues basta con observar los castigados árboles: sus troncos se han ido inclinando hacia el sur por la presión de la tramontana. Cuando los campesinos plantan un árbol frutal, lo hacen a sotavento de una pared de piedra seca (véase p. 115) para protegerlo del viento septentrional, que podría arrasar sus flores en primavera.

También las casas tradicionales están adaptadas a la fuerza de la tramontana: su fachada norte no tiene ventanas o, si las hay, son minúsculas, y en esta parte suelen tener adosada una construcción que en su día cumplía la doble función de albergar el ganado y amortiguar la acción del viento sobre la vivienda.

La tramontana tiene también consecuencias gastronómicas, pues llega a la isla cargada de sal. Esta queda depositada en el suelo y sobre las hortalizas, potenciando su sabor, más intenso que el de las de la península.

Ni qué decir tiene que el cambio climático está afectando a los vientos que azotan Menorca y hoy la tramontana es menos intensa a lo largo del año (los días de tramontana se han reducido a menos de la mitad en las dos últimas décadas), pero no por ello menos violenta.

Castell es una de las playas más hermosas de Menorca, a pesar de las urbanizaciones que la rodean, con hoteles demasiado altos, que en ocasiones llegan casi hasta la misma línea de costa. Esta bahía de forma casi circular, ribeteada de arena dorada, con sus aguas azul turquesa limitadas por la Raconada d'es Forat y Ses Llautanies, es de una belleza deslumbrante. Situada 9 km al norte de Es Mercadal, es de fácil acceso en coche, lo que, sumado a la población allí veraneante, hace que en julio y agosto siempre esté llena. Eso sí, dispone de todos los servicios imaginables en una playa.

Port d'Addaia

BAHÍA

7 PLANO P. 94, D3

Larguísima y estrecha bahía, más bien un puerto natural de poca profundidad, que se adentra 3,5 km desde el mar. En la entrada puede verse un puerto deportivo protegido por el islote de Ses Mones, y en el otro extremo, en la parte más interior, quedan vestigios de unas antiguas salinas.

JULEN ARABAOLAZA/SHUTTERSTOCK ©

Atardecer en el faro de Cavalleria.

Església de Sant Bartomeu

IGLESIA

8 PLANO P. 94, A3

En el s. XIV, Jaume III de Mallorca ordenó construir la parroquia de Sant Bartomeu, en torno a la cual fue creciendo muy lentamente el pueblo de Ferreries, dedicado principalmente a las industrias quesera y del calzado. El actual templo, de estilo neoclásico, data del s. XVIII, aunque puede verse la puerta original de la parroquia en una de las calles laterales. En la misma plaza de la iglesia se encuentra la Casa de ses Voltes, una de las más antiguas del pueblo, que hoy alberga dependencias municipales. (Plaça de l'Església 6, Ferreries)

Centre de Geologia de Menorca

MUSEO

9 PLANO P. 94, A3

Menorca cuenta con una riqueza geológica y paisajística fuera de lo común, que le ha valido el título de Reserva de la Biosfera otorgado por la Unesco. Vale la pena visitar este centro y su exposición permanente "Paisatges, colors i geologia", con muestras muy didácticas de rocas, minerales y fósiles, además de plafones informativos (en español, catalán e inglés) que muestran de qué manera la geología ha modelado el paisaje insular. (☎971 374 505; www.geologiamenorca.org; Carrer Mallorca 2, Ferreries; entrada gratis; ⌚10.00-14.00 y 18.00-20.00 ma-do jun-sep,

10.00-14.00 ma-sa may-oct, cerrado resto del año)

Binissuès

MUSEO

10 PLANO P. 94, A3

Antigua explotación agrícola que permite redescubrir los viejos trabajos de campo y revivir la vida rural de la isla. Cuenta con: la casa señorial; la casa de *pagès*, con su gran cocina, el horno de piedra y la quesería; un Museo Etnológico, con carros y herramientas relacionadas con la vida rural; y el Museu de Ciències Naturals de Menorca, con exposiciones muy didácticas. Además, se realiza una **demostración de elaboración de queso artesanal** (adultos/niños 10/8 €; 11.00 ma, mi y vi) y hay un bar-restaurante anexo (en el momento de redactar esta guía estaba temporalmente cerrado). Como es un lugar incluido en los circuitos turísticos, vale la pena observar si en el aparcamiento hay muchos autocares estacionados antes de realizar la visita. (971 373 728; www.binissues.com; ctra. Maó-Ciutadella km 31,6, desvío Camí Els Alocs; entrada museo adultos/niños 6,50/5 €; 10.00-18.00, cerrado lu)

Castell de Santa Àgueda

RUINAS

11 PLANO P. 94, A2

En la cima de Santa Àgueda, a 264 m de altitud, pueden verse los restos de un antiguo castillo musulmán de los ss. X-XIII. Poco queda de la fortificación original, destruida por Pere IV el Cerimoniós, aunque el camino de acceso conserva el empedrado originario. Fue el último refugio musulmán en Menorca antes de la Reconquista, cuando Manûrqa (Menorca) formaba parte del Califato de Córdoba, y desde él se alcanzan amplias vistas del escarpado norte de la isla. Para llegar, desde la carretera Maó-Ciutadella, hay que desviarse por la pequeña carretera Camí de Tramuntana hacia Binussues y Ets Alocs y a unos 3 km (la dirección hacia el castillo está perfectamente indicada), aparcar el coche y continuar 1,3 km andando hasta la cima (en verano se aconseja llevar agua y sombrero).

Reducir la velocidad

En Menorca el tiempo transcurre a su manera, pausadamente, sobre todo en el centro de la isla. Del mismo modo que no se puede circular a 100 km/h por una carretera por donde todo el mundo va a 70 u 80, el visitante hará bien en olvidar el reloj, las prisas continentales y adaptarse al ritmo isleño, la mejor y más natural terapia contra el estrés. Además, en los últimos años se han instalado varios radares en la carretera y en los accesos a algunas localidades y polígonos.

Aljub d'en Kane

ALJIBE

12 PLANO P. 94, B3

En Es Mercadal se encuentra el Aljub d'en Kane, un aljibe o depósito de agua construido por Pere Carreras en el s. XVIII por orden del gobernador Richard Kane, que estuvo en servicio durante más de dos siglos y que constituye una interesante muestra de arquitectura civil británica (fue creado para abastecer de agua a las tropas que cruzaban la isla y el depósito interior podía llegar a recoger 250 000 l de agua). Perfectamente restaurando, se accede a él por el Carrer Ciutadella en su cruce con el Carrer d'Enmig, por una verja de pequeñas dimensiones. (Es Mercadal; gratis; 11.00-13.00 verano)

Centre Artesanal de Menorca

CENTRO DE ARTESANÍA

13 PLANO P. 94, B3

En los antiguos cuarteles militares de Es Mercadal, este centro de artesanía muestra los principales oficios artesanales de Menorca en su exposición permanente "Fabricant Menorca. L'artesania ahir, avui i demà" (Fabricando Menorca, la artesanía de ayer, hoy y mañana), en especial: el calzado y la elaboración de abarcas; la piel y el cuero; la gastronomía, con énfasis en el queso Maó y los licores; las barreras de acebuche; la construcción de piedra seca; la escultura, restauración y serigrafía; la cerámica; la forja de hierro; el papel y el cartón, con la fabricación de caretas, etc. También hay muestras y exposiciones temporales y una tienda con productos artesanos y artísticos acreditados por el Consell Insular de Menorca. (971 154 436; www.artesaniademenorca.com; Carrer Merge Camps s/n, Es Mercadal; entrada gratis; 10.00-14.00 ma-sa may-oct, visitas concertadas resto del año)

Es Migjorn Gran

PUEBLO

14 PLANO P. 94, B4

Como su nombre indica, este pequeño pueblo está al sur de la isla (*migjorn* significa "mediodía" en menorquín). Creado en 1768 por un grupo de ferrerienses, en él destaca la iglesia de Sant Cristòfol, construida en el s. XVIII, inmaculadamente blanca y con un interior muy sobrio. Por suerte, a pesar de su cercanía a las turísticas playas del sur, el pueblo ha sabido mantener su aire rural.

Convent de Sant Diego y Pati de sa Lluna

CENTRO CULTURAL

15 PLANO P. 94, C4

El antiguo complejo franciscano de Sant Diego, del s. XVII, que tras la desamortización del s. XIX perdió su uso religioso, en los últimos años se ha convertido en un importante centro cultural de Alaior. Tras diversas remodelaciones, ahora el Pati de Sa Lluna (así se conoce popularmente al claustro del convento) luce sus mejores galas; además, se han descubierto las grisallas originales del convento barroco. Hoy el visitante encontrará en el claustro (planta baja) exposiciones temporales y actividades culturales; en la 1ª planta, dos exposiciones permanentes: "L'Essència de Menorca" y "El calçat de Menorca, de l'artesania a la industria"; y en la 2ª planta, el Centre de Cultura Gastronòmica, con una cocina laboratorio y una cocina para demostraciones. Asimismo, el recinto acoge en la actualidad el Punto de Información Turística de Alaior. (Carrer des Banyer s/n, Alaior; 11.00-14.00 y 18.00-21.00 ma-do)

LÔAC SALA DE EXPOSICIONES

16 PLANO P. 94, C4

El centro cultural LÔAC (Alaior Art Contemporani) es un edificio emblemático de Alaior que se ha convertido en uno de los grandes focos culturales del interior de Menorca. Su actual colección de arte contemporáneo ocupa las tres plantas del edificio y muestra obras de artistas de la talla de Joan Miró, Miquel Barceló, Jaume Plensa, Antonio Saura o Antoni Tàpies. Además del edificio principal, el LÔAC cuenta con la antigua capilla de Gràcia, hoy conocida como **Capella Abramović** (Carrer Coll d'Espalmer), a 5 min a pie, que muestra obras de la artista y *performer* serbia Marina Abramović. (www.visitalaior.com/es/que-hacer/alaior-art-contemporani; Carrer Baixamar 56, Alaior; adultos/menores de 10 años 5 €/gratis; 10.30-14.00 y 17.30-21.00 ma-do)

Cala Pregonda.

Dónde comer

Es Cranc

MARINERA €€€

17 PLANO P. 94, C2

Situado en una agradable calle peatonal y especializado en pescado, elabora diferentes calderetas, no solo de langosta, aunque este crustáceo es el gran protagonista, que también puede tomarse a la plancha, hervida o en arroz. Y si se quiere salir de lo habitual, nada mejor que una caldereta de mero o un arroz Es Cranc. Dispone de vivero propio, lo que garantiza la excelencia de la materia prima que, sabiamente tratada, lo convierte en uno de los restaurantes de referencia de Fornells. (971 376 442; www.escranc.com; Carrer Escoles 31, Fornells; principales 27-50 €; 13.00-15.30 y 20.00-22.30)

Es Cranc Pelut

MARINERA €€

18 PLANO P. 94, C2

Prácticamente en la entrada de Fornells, este restaurante con más de 25 años a sus espaldas (aunque renovado en el 2016), sirve excelentes calderetas de marisco y arroces caldosos, que complementa con platos de pescado fresquísimo y langosta preparada de diversas maneras (con huevos y patatas, con alioli, etc.). Desde su terraza se alcanzan amplias vistas de toda la bahía. (971 376 743; www.crancpelut.com; Passeig Marítim Poeta Gumersind Riera 98, Fornells; principales 21-31 €; 13.00-15.30 y 20.00-22.30)

La caldereta de langosta, un lujo para el bolsillo

En los precios aquí indicados se ha excluido el de la caldereta de langosta, plato típico de Fornells, que en general oscila entre 70 y 100 € por persona, precio parecido al de cualquier plato de langosta en sus diferentes variantes (a la plancha, al vapor, etc.).

Sa Llagosta

MARINERA €€€

19 PLANO P. 94, C2

David a los fogones y Mónica de jefa de sala preparan una caldereta excelente y obsequian con una cocina innovadora a base platos como el atún con ajos y alcaparras en este local frente al puerto de Fornells. Además, para quien quiera probar la langosta de una manera diferente, aquí puede degustarla salteada, con civet, brava o cocinada de muchas otras maneras. No es barato, pero hay quien dice que aquí hacen la mejor caldereta de toda Menorca, que no es poco. (971 376 566; Carrer Gabriel Gelabert 12, Fornells; principales 27-70 €; 13.00-16.00 y 19.30-23.00)

Es Port

MARINERA €€

20 PLANO P. 94, C2

Aquí el pescado es el rey: dentón, rape y mero, a la plancha o en *suquet*, arroces, todo tipo de mariscos, mejillones, gambas de Fornells y la consabida caldereta de

Binimel·là (p. 96).

langosta. Se trata de una excelente opción entre los numerosos restaurantes del puerto de Fornells, acorde con su excelente carta de vinos. (☎971 376 403; Passeig Marítim Poeta Gumersind Riera 5, Fornells; principales 19-35 €; ⏲13.00-16.00 y 20.00-23.00)

La Guapa INTERNACIONAL **€€**

21 PLANO P. 94, D2

Si a alguien le apetece una cocina variada, este restaurante del centro de Fornells ofrece, además de buen pescado, marisco y arroces, carnes a la brasa (el vacío lo bordan), ensaladas variadas y pasta. El trato y el servicio son insuperables. (☎971 158 497; Carrer Major 29, Fornells; principales 19-28 €; ⏲13.00-16.00 y 19.30-22.30, cerrado ma)

Cafè del Nord MARINERA **€€**

22 PLANO P. 94, C2

Restaurante de toda la vida, especializado en pescado y marisco, con un trato muy cordial, que huye del esnobismo que se ha apoderado de algunos locales de la zona. Las vistas ayudan a que la comida sea entrañable. Tiene también un menú diario y un menú degustación "especial menorquina" cuyo plato principal es la caldereta de langosta. (☎971 376 697; www.cafedelnord.com; local 5, Platges de Fornells; menú diario/degustación 22,90/50 €, principales 19-32 €; ⏲13.00-16.00 y 21.00-23.00)

Ca Na Marga BARBACOA **€€**

23 PLANO P. 94, C2

Este restaurante tipo barbacoa se encuentra a 1 km de Fornells, en la entrada a Ses Salines, y está especializado en pescados y carnes a la brasa, que asa a la perfección con leña natural; sus solomillos, costillas y chuletones han sido alabados por propios y extraños. También hacen un guiño a la cocina menorquina y su carta de vinos tiene más de un centenar de entradas. (☎971 376 410; www.canamarga.com; Carrer Parc 1, Ses Salines; principales 19-39 €; ⏲13.00-16.00 y 19.30-23.00, cerrado mi)

Un mercadillo para cada día

Con la llegada del buen tiempo, los pueblos del interior montan su mercadillo, donde se pueden comprar productos típicos de Menorca. De martes a jueves, cada noche a partir de las 19.00 hay puestos donde descubrir auténticas maravillas, tanto artesanales como gastronómicas. El de **Es Migjorn Gran** (tarde-noche ma jul-sep) se monta todos los martes; el de **Alaior** (19.00-23.00 mi jun-med sep) ocupa el casco antiguo los miércoles; el de **Es Mercadal** (tarde-noche ju jun-sep) invade la parte central de la villa cada jueves. Y para los mañaneros, el de **Ferreries** (9.00-13.00 sa) se monta en la Plaça Espanya todos los sábados. De manera puntual, algunos se complementan con música, muestras gastronómicas y actividades culturales y para niños.

Ses Salines

MARINERA **€€€**

24 PLANO P. 94, C2

Gestionado por los mismos dueños que el Sa Llagosta (p. 102), pero con un aire un poco más informal, ofrece la misma calidad en sus platos, arroces supremos y unas vistas de la bahía de Fornells desde su terraza junto al Club Nàutic que obligan al comensal a preguntarse por qué no se queda a vivir para siempre en Menorca. Como aquí la cosa va de pescado fresco, vale la pena preguntar sobre los platos fuera de carta. (971 376 745; Carrer Es Pujolet s/n, Ses Salines; principales 28-50 €; 13.00-16.00 abr-sep, también 19.30-23.00 jul y ago)

Es Racó de Macaret

ARROCES, FUSIÓN **€€**

25 PLANO P. 94, D2

El último proyecto gastronómico del cocinero Pere Pons es este restaurante y gastrobar en la pequeña cala de Na Macaret, que tiene dos cartas, una para el almuerzo y otra muy diferente para la noche. Al mediodía lo suyo es probar uno de sus excelentes arroces (¿alguien ha probado el arroz de ortiga de mar?) o el pescado del día; en cambio por la noche se imponen las tapas y platos para compartir, todos ellos de calidad. (613 112 039; esracodemacaret.com; Carrer Sa costa 21, Na Macaret; principales 18-25 €; 12.00-24.00 ma-sa 12.00-18.00 do verano)

Acuario

DE MERCADO **€€**

26 PLANO P. 94, D3

También situado en la cala de Na Macaret y con un trato familiar, elabora cocina de mercado, en especial platos de pescado y arroces de calidad indiscutible, así como la caldereta de langosta. También hay tapas muy elaboradas hechas siempre con producto fresco. (971 712 572; Baixada a la Platja 153, Na Macaret; principales 19-27 €, menú degustación 85 €; 13.00-17.00 y 20.00-23.00 ma-do, cerrado lu)

Rías Baixas GALLEGA, MENORQUINA €€€

27 PLANO P. 94, A3

Este veterano de prestigio constituye una de las contadas propuestas gastronómicas del pueblo de Ferreries. Cada semana traen buen marisco gallego con el que elaboran recetas típicas de Galicia, pero también mediterráneas. Tiene un menú degustación que incluye queso menorquín y caldereta de langosta. Su buey de mar recién llegado en avión desde Galicia harán las delicias de los amantes del marisco. (971 374 558; www.riasbaixasmenorca.es; Plaça Menorca 1, Ferreries; menú degustación para 2 personas 138,85 €, principales 20-50 €; 12.00-16.00 y 19.30-23.00 ma-do may-oct, 12.00-16.00 ma-do nov-abr)

Ca n'Olga MEDITERRÁNEA, DE AUTOR €€

28 PLANO P. 94, B3

En medio de Es Mercadal, junto al puente de Na Macarrana, este reconocido restaurante ocupa una antigua casa con un jardín interior muy tranquilo, algunas de cuyas plantas aromáticas impregnan el ambiente y servirán para sazonar los platos de la carta. Al frente está el chef Pablo Pega, un entusiasta cocinero que, a pesar de su juventud, ha viajado por varios continentes, donde ha aprendido nuevas técnicas culinarias que ha incorporado en su cocina, sin olvidar en ningún momento su esencia mediterránea. (971 375 459; canolga.com; Pont de Na Macarrana s/n, Es Mercadal; principales 18-28 €; 13.00-15.30 y 20.00-23.00, cerrado ma todo el día y do almuerzo)

Ca na Marga (p. 103).

Es Molí des Racó
MENORQUINA €€

29 PLANO P. 94, B3

Con más de cuatro décadas a sus espaldas, este original establecimiento ocupa un vistoso molino harinero con decoración rústica y tiene dos comedores, uno interior y el otro en una agradable terraza. La carta está surtida de cocina tradicional menorquina de calidad, el servicio es impecable y eficaz y llama la atención su buena relación calidad-precio. (971 375 275; molidesracomenorca.com; Carrer Major 53, Es Mercadal; principales 15-29 €, 12.30-16.00 y 19.00-23.00)

Tast
DE MERCADO €€

30 PLANO P. 94, B3

Con una cocina que apuesta por el mestizaje entre las recetas menorquinas de siempre y las técnicas más contemporáneas, su interior cuenta con una divertida decoración, con piezas de artistas de la isla; en invierno es muy acogedor y en verano montan terraza en la plaza. (971 375 587; www.tastmercadal.com; Plaça Pere Camps 21, Es Mercadal; principales 19-29 €, menú gastronómico 36,50 €; 13.15-15.30 y 20.00-22.30 ma-sa, 13.15-15.30 do)

Bistró Sol 32
FRANCESA, MEDITERRÁNEA €€

31 PLANO P. 94, B3

Pequeño restaurante y bistró en una antigua casa de Es Mercadal perfectamente restaurada, donde se respira un ambiente romántico e íntimo, ideal para una cena en pareja. En la carta se notan las influencias francesas del chef Herve. Hay que preguntar por los platos del día; además, al mediodía ofrece un menú diario y por la noche un interesante menú degustación con cuatro platos. (971 154 206; www.bistrosol32.com; Pla de ses Eres 32, Es Mercadal; principales 23-25 €, menú diario/degustación 27/38 €; 13.00-15.30 y 19.30-22.30)

Ca Na Pilar
DE AUTOR €€

32 PLANO P. 94, B4

Víctor Lidón, el chef, se formó desde muy joven junto a grandes de la gastronomía internacional (pasó por los restaurantes Abac, Zafferano y Can Fabes), y eso se nota en la creativa cocina, tal vez una de las mejores de Menorca, con una carta breve que va cambiando se-

Bistró Sol 32.

PEBBLES DA STRAYCAT ©

gún la temporada, siempre trufada de platos memorables. Está en una típica casa de pueblo con un agradable patio. La calidad justifica el precio con creces. (☎ 971 370 212; www.canapilar.com; Av. de la Mar 1, Es Migjorn Gran; principales 27-38 €; ⏱ 13.00-14.30 y 20.00-22.00 ma-sa)

Son Blanc

DE AUTOR €€€

33 PLANO P. 94, B4

El restaurante de este hotel rural, situado en una casa de campo del s. XIX restaurada, ofrece una cocina basada en el producto de proximidad, principalmente de su propio huerto. Tanto es así, que tienen como proyecto ser completamente sostenibles en el 2030, introduciendo ganado propio y evitando cualquier tipo de combustible fósil. En lugar de carta ofrece un menú elaborado en función de los productos del día. Al frente están Alejo y Laura, cocineros de gran talento y creatividad que convierten sus platos en auténticas obras de arte gastronómico. Ojo, para quien no se aloje en el hotel, el restaurante solo está abierto para las cenas. (☎ 624 171 408; sonblancmenorca.com/restaurant; Camí de Son Blanc, ctra. de Torresoli; menú degustación 70 €; ⏱ 20.00-22.00)

Es Festuc

MEDITERRÁNEA €€

34 PLANO P. 94, C4

Pequeño y acogedor local que, desde su inauguración en el 2014, ha iluminado el panorama gastronómico de Alaior. Al frente está Laura Garriga, que ha apostado por combinar recetas tradicionales menorquinas con nuevas propuestas. Una de sus especialidades son las *coques* (cocas), con una base de pan de cristal, que combinan salmón, queso fresco y nueces, con membrillo y queso brie, etc. También hay un buen surtido de tapas, pensadas para compartir entre los comensales. Aquí, tal y como ellos mismos anuncian, se viene a *"menjar i xalar"* (comer y disfrutar). (☎ 971 379 382; www.esfestuc.com; Es Carreró 38, Alaior; principales 15-21 €; ⏱ almuerzo ma-sa, también cena vi y sa)

Dónde beber

Isabella Beach Club

LOUNGE BAR, RESTAURANTE

35 PLANO P. 94, C2

Suntuoso local que bien podría estar en el apartado de restaurantes, con un espacio de un blanco deslumbrante, donde nadie sabe si está mirando el mar desde un interior o si observa un interior desde el mar. El paisaje marinero baña este rincón minimalista ambientado con buena música, sugerente para contemplar la puesta de sol o tomar unas copas después de cenar platos de fusión asiática, tapas o especialidades japonesas. Hay cócteles, *gin-tonics*, vinos y zumos de fruta. Se puede reservar mesa pero solo para cenar. (☎ 638 785 480; www.isabellamenorca.com; Carrer Tramuntana s/n, urbanización Platges de Fornells; ⏱ 18.30-2.00 jun-ago, 18.00-24.00 sep)

CAN PONS ©

Can Pons.

Ocio

Lloc de Menorca

ZOO, PARQUE INFANTIL

36 PLANO P. 94, D5

Quienes viajen con niños pueden pasar todo un día en este singular zoo respetuoso con los animales, donde los más pequeños podrán ver ejemplares autóctonos como el caballo menorquín o el cerdo negro, diferentes tipos de aves, caimanes, lémures o macacos cangrejeros, o podrán alimentar a pequeñas cabras. También hay un parque infantil acuático, una zona de pícnic, bar, tienda y una naveta talayótica. (971 372 403; www.llocdemenorca.com; ctra. Maó-Ciutadella km 7,8 Alaior; adultos/niños de 3-12 años y mayores de 65 años 15/9 €; 10.00-19.00 jul y ago, 10.00-18.00 abr-jun, sep y oct, cerrado nov-mar)

Gran Migjornale

ARTE

37 PLANO P. 94, B4

A partir de una combinación del nombre del pueblo con el prestigioso certamen de arte Biennale, desde el 2006 cada dos años un insólito mercadillo de arte ocupa durante unos días de agosto casas particulares, comercios, locales públicos, plazas y calles de Es Migjorn Gran en una gran fiesta que crece año tras año. Es una explosión de creatividad que se ha convertido en una de las mayores manifestaciones artísticas de la isla. (www.granmigjornale.com; Es Migjorn Gran; ago)

Gran Musicale

MÚSICA

38 ✪ PLANO P. 94, B4

El año que no se celebra el Gran Migjornale, el Ayuntamiento de Es Migjorn Gran organiza este evento que cuenta con actuaciones musicales por las calles del pueblo. (Es Migjorn Gran; 🕒ago)

Festival de Música Antiga des Migjorn Gran

MÚSICA

39 ✪ PLANO P. 94, B4

Realmente, Es Migjorn Gran es un pueblo que ama la cultura pues, además de los eventos citados, desde el 2011, la Associació de Música Antiga Euterpe organiza cada año este festival cuyo objetivo es dar a conocer la música antigua interpretada con instrumentos originales y criterios históricamente documentados. Además de conciertos, también hay conferencias y cursos (en el 2023 se celebró un curso de danza barroca). (es.musicaantigaesmigjorn.com; Es Migjorn Gran; 🕒verano)

De compras

Can Pons

ENSAIMADAS, PASTELERÍA

40 PLANO P. 94, C3

Aunque las ensaimadas son más propias de Mallorca que de Menorca, esta pastelería consiguió en el 2020 nada menos que el premio a la Mejor Ensaimada del Mundo. Tienen ensaimadas con todo tipo de rellenos y otras pastas menorquinas como los dulces *crespells* o las saladas *formatjades*, además de la típica coca bamba menorquina. (📞971 154 423; www.can-pons.com; Carrer General Albertí 6, Es Mercadal; 🕒8.00-14.00 y 17.00-21.00 jul-ago, horario reducido mar-jun y sep-oct, cerrado nov-feb)

La coca bamba menorquina

Uno de los productos gastronómicos propios de Menorca es la **coca bamba,** también conocida como coca de Sant Joan, que se suele comer durante las festividades de la isla. Hay quien la conoce como ensaimada menorquina, pero es un error, ya que, aunque de forma parecida a esta, es mucho más compacta y para su elaboración lleva patata hervida, además de azúcar, harina, manteca, huevos y levadura.

Cas Sucrer

PASTELERÍA

41 PLANO P. 94, C3

Fundada en 1884, es una de las pastelerías más prestigiosas de Menorca. Con una fiel clientela local, en su escaparate pueden verse ensaimadas, tanto tradicionales como especiales (pistacho, albaricoque, chocolate blanco, etc.), cocas, *formatjades*, *panellets* y sus famosos amargos, elaborados con pasta de almendra, clara de huevo y azúcar, que antiguamente solo se hacían por Navidad. (📞971 375 175; www.cassucrermenorca.com;

Plaça Constitució 11, Es Mercadal; 7.30-13.30 y 17.00-20.30 lu-sa, 8.00-13.30 do)

Can Marc

PANADERÍA

42 PLANO P. 94, A3

Esta célebre panadería situada justo en la entrada de Ferreries, elabora coca bamba y unas minicocas, *minipizzas* y repostería dulce y salada tan ricas que toda la gente de Maó o Ciutadella, cuando va de una localidad a la otra, hace una parada aquí para degustar sus exquisiteces *in situ* o llevárselas para la cena en casa. (971 373 402; Plaça Príncep Joan Carles 1, Ferreries; 7.00-13.30 y 16.30-20.30)

Hort de Sant Patrici

QUESOS Y VINOS

43 PLANO P. 94, A3

Quesería, gastrotienda y bodega de la explotación agrícola homónima (p. 152), que cuenta con un hotel y restaurante, donde se pueden encontrar quesos y vinos de producción propia, y otros productos menorquines artesanos como sobrasada, gin, *carnixulla* o carquiñoles. Dispone de una pequeña tienda con un Museu del Formatge donde se ilustra sobre la historia del queso de Maó. Se organizan visitas guiadas. (971 373 702; www.santpatrici.com; Camí de Sant Patrici s/n, Ferreries; solo durante las visitas guiadas: 11.30 ma-sa, o llamando previamente por teléfono)

Can Doblas.

CAN DOBLAS ©

Ria Menorca

ABARCAS MENORQUINAS

44 PLANO P. 94, A3

La familia Truyol ha sabido convertir un pequeño taller de fabricación de abarcas para los payeses menorquines en una empresa que cada temporada diseña, fabrica y distribuye 300 modelos de este singular calzado por todo el mundo. En la tienda-taller hay una pasarela abierta al público desde donde puede contemplarse todo el proceso de fabricación. Cuenta con otra tienda en Maó (Carrer Ses Moreres 31). (971 374 207; www.ria.es; Carrer Trencadors 25, polígono industrial de Ferreries; 9.00-20.00 lu-vi, 9.00-14.00 sa)

Jaime Mascaró

ZAPATOS

45 PLANO P. 94, B3

En el polígono industrial de Ferreries se encuentra la prestigiosa firma Mascaró, creada en 1918 para la fabricación de zapatillas de *ballet*. Más tarde se expandió con el diseño de todo tipo de calzado de calidad, manteniendo sus orígenes con la línea Pretty Ballerina. Dispone de una tienda en el centro de Maó (Carrer Ses Moreres 29), otra en el aeropuerto, y en la fábrica-tienda de Ferreries tiene una zona *outlet* a precios muy interesantes. También cuenta con tiendas en diversas partes del mundo. (971 373 837; www.jaimemascaro.es; Carrer Filadors, polígono industrial de Ferreries; 9.30-23.00 lu-sa, 10.00-14.00 do)

Abarcas de Menorca

Las *avarques* (abarcas), esas sandalias tan típicamente menorquinas que hoy han traspasado fronteras hasta convertirse en el calzado mediterráneo por excelencia, originalmente se usaban en el mundo rural y tenían una suela hecha con un neumático viejo y piel de becerro en la parte superior. Hoy, los fabricantes artesanos han incorporado nuevos diseños y materiales en su elaboración, haciéndolas más ligeras y elegantes. Al comprar un par, es importante asegurarse de que lleve grabado el distintivo "Avarca de Menorca", que acredita su calidad y procedencia.

Can Doblas

ABARCAS

46 PLANO P. 94, A3

Desde 1983, Joan Doblas elabora calzado artesano a mano siguiendo la tradición de su abuelo, que era zapatero de banqueta. En su tienda, junto al Ayuntamiento de Ferreries, pueden verse sus curiosos modelos de abarcas y sandalias pintadas a mano, que elabora en su taller del polígono industrial. (971 155 021; www.candoblas.com; Plaça Jaume II 1, Ferreries; 10.00-13.00 y 16.00-20.00 lu-vi, 10.00-13.00 y 17.00-20.00 sa)

Merece la pena

Contemplar Menorca desde otra perspectiva

Recorrer Menorca caminando, en coche o en una bici eléctrica es siempre agradable, pero rodear un tramo de la isla a bordo de un llaüt permite descubrir calas a las que es casi imposible llegar a pie, y se puede contemplar un perfil de la isla desconocido para la mayoría en una embarcación tradicional menorquina. Si a ello se le suma un almuerzo o una cena a bordo, la experiencia promete ser de las que jamás se olvidan.

Menorca en Llaut
667 903 557
www.menorcaenllaut.com
Andana de Ponent, s/n
puerto de Maó

La historia del *Llaüt*

El *llaüt* tradicional es un barco de vela latina, normalmente de unos 4 m de eslora, fácilmente reconocible por su proa y popa redondeadas, su cubierta plana y su vela. Su casco es de madera y tiene poco calado, lo que le facilita navegar con estabilidad en aguas poco profundas. Los primeros artesanos náuticos en fabricarlos fueron los llamados *mestres d'aixa.*

Con el paso de los años, el *llaüt* se ha convertido más en una atracción turística que en un barco de pesca, pues permite navegar como se hacía antaño, con su dosis de romanticismo.

Alquilar un barco

En la actualidad, cualquier aficionado al mar puede alquilar un *llaüt,* casi siempre con patrón (si el viajero tiene la licencia correspondiente puede ir solo) y hacer excursiones por la costa de medio día o una jornada entera para disfrutar de las playas y calas de la isla desde el mar y, con suerte, ver algún delfín saltando sobre el agua.

Una experiencia menorquina total

Hay varias empresas que alquilan *llaüts* en los puertos de Maó y Ciutadella; una de las de mayor prestigio es **Menorca en Llaut,** que en verano ofrece salidas de medio día o de día completo desde el puerto de Maó, incluida una cena privada de cocina tradicional menorquina elaborada por un conocido chef de la isla. Fuera de la temporada estival, los lobos de mar pueden alquilar la embarcación varios días para dar la vuelta completa a la isla. Otras empresas de alquiler de *llaüts* son **Navega en Llaut** (navegaenllaut.com) y **Boat Menorca** (www.boatmenorca.es) en Ciutadella, o **Llaut Menorca** (www.llautmenorca.com), en Maó.

★ Consejos

- Antes de alquilar un *llaüt,* conviene consultar diversas agencias para comparar precios y prestaciones.
- Muchas agencias tienen varios tipos de embarcación; al reservar, hay que especificar que solo se quiere navegar en *llaüt.*
- En temporada alta, las tarifas pueden oscilar entre 650 y 1100 €.
- Si se va hacia la Albufera des Grau, hay que recordar que es un espacio natural donde está prohibido pescar.
- Esta no es una experiencia para quienes busquen velocidad, pues uno de los encantos del *llaüt* es su navegación tranquila y silenciosa.

Merece la pena

Conocer la riqueza etnológica a través de la arquitectura local

Una buena muestra de la riqueza del patrimonio etnológico de Menorca reside en su arquitectura popular. El campo menorquín es un paraíso para los amantes de estas edificaciones, pues está salpicado de construcciones de piedra seca o de marés, en especial casas rurales, barracas para el ganado y cases de vorera, o ponts. *Responden a dos principios básicos: utilizar los materiales disponibles en la cercanía y primar la funcionalidad.*

Cómo llegar

La mejor forma de acceder a estas construcciones populares es en vehículo particular, pues a menudo están al final de pequeños caminos a los que no llega transporte público alguno.

La casa rural

Tiene un cuerpo principal cubierto por un tejado a dos aguas; en la fachada meridional se sitúa la entrada y se abren las ventanas, mientras que la septentrional, expuesta a la tramontana, no presenta casi aberturas. Adosados a la pared norte, suele haber un almacén, el lavadero o los antiguas establos. En la planta baja se sitúan la cocina, el comedor y los dormitorios, mientras que en la planta superior se guardan conservas, frutas, embutidos y hortalizas *de penjar* (de colgar). Con frecuencia, en el patio, se levanta un **horno** y se distribuyen los **'bouers',** o establos para vacas y bueyes, el gallinero, las porquerizas, los graneros, o *s'altra cuina,* donde se hacía la matanza del cerdo.

La 'paret seca'

En casi todos los caminos de Menorca pueden verse largas **paredes de piedra** *(parets seques),* gruesas pero no muy altas, levantadas solo con piedras, sin cemento ni otro tipo de argamasa que las mantenga fijas. Son un tipo de construcción ancestral, aún usada de manera habitual (aunque hay pocos artesanos que sepan construirlas bien), que ayuda a limpiar de piedras el campo, prepararlo para la labranza y protegerlo de la tramontana, además de parcelar la tierra. Hay que evitar subir y caminar sobre ellas.

La 'casa de vorera', 'pont', o 'caseta de la mar'

Es una construcción mixta, de piedra seca y losas de marés. Están en la costa y su función es guardar la barca y los aparejos de pesca durante el invierno. A veces, en verano, se deja la barca en el mar y se utiliza como alojamiento.

La barraca

Construcción para el ganado de piedra seca, de planta circular o en forma de herradura. A la vista parece una pirámide escalonada.

★ Consejos

- La mayoría de las construcciones son casas particulares, por lo que no debe entrarse en ellas sin pedir permiso a los propietarios.
- Para profundizar en la arquitectura popular se puede consultar www.enmenorca.wordpress.com/tag/arquitectura-rural (en catalán), con información útil y precisa.
- Normalmente, al pasear por el campo, se encuentran puertas y barreras de madera. Es muy importante cerrarlas tras haberlas cruzado, pues a menudo sirven para que los animales no se vayan de una propiedad a otra.

Explorar

Ciutadella y alrededores

Habitada desde época pretalayótica, capital civil y eclesiástica de la isla hasta 1714, Ciutadella tiene un casco antiguo de aire señorial con palacios e iglesias herencia de una aristocracia que gustaba mostrar su poderío. Hoy, los protagonistas son los hoteles-boutique, tiendas y restaurantes llenos de visitantes todo el verano. Y en los dos extremos de la costa occidental de la isla esperan sendos cabos ideales para la mejor puesta de sol.

Lo esencial

- ***Catedral de Santa Maria (p. 118)*** *Este templo gótico ha sido protagonista directo de la historia, a veces violenta, de Menorca.*
- ***Casas señoriales (p. 120)*** *Hablan de una antigua aristocracia enfrentada al poder británico de entonces y empeñada en mostrar su riqueza y poder.*
- ***Ses Voltes (p. 128)*** *Emblemática calle porticada, hoy convertida en un bullicioso eje comercial.*
- ***Líthica (p. 130)*** *Estas antiguas canteras de marés acogen en verano conciertos y permiten descubrir un laberinto y un jardín medieval.*

Cómo llegar y desplazarse

La línea 1 de autobuses conecta Ciutadella con Maó. De Ciutadella parten autobuses a las principales playas del suroeste de la isla (algunas solo en verano).

En la Plaça dels Pins, la Plaça d'Artrutx y la terminal portuaria hay paradas de taxis.

Recorrer Ciutadella a pie, muy llana, es una verdadera gozada.

Plano de la zona en p. 126.

Puesta de sol en Ciutadella. LUNAMARINA/SHUTTERSTOCK ©

Las mejores experiencias

Maravillarse ante la catedral de Santa Maria

Esta basílica situada en el corazón de Ciutadella, que apenas supera en altura a otros edificios cercanos, es un templo gótico que a lo largo de la historia ha sido reconstruido y rehabilitado varias veces hasta adquirir su aspecto actual. Es, sin duda, la iglesia más emblemática de toda la isla. Con la creación de la diócesis de Menorca en 1795, fue elevada al rango de catedral. En verano hay conciertos de órgano en su interior.

PLANO P. 119, D2

971 380 343

Carrer Cal Bisbe 8

entrada combinada catedra y Convent de Sant Agustí adultos/jubilados/menores de 12 años 7/5,80 €/gratis

visita guiada catedral y Convent de Sant Agustí 13

10.00-14.30 lu-sa

La basílica

Templo de estilo gótico catalán de nave única, con varias capillas laterales entre los contrafuertes, fue construida en el s. XIV. Ha sido objeto de numerosas remodelaciones, lo que le ha dado un carácter un tanto heteróclito, como puede apreciarse en la espectacular **capilla de Ses Ànimes,** de estilo barroco, o en la **fachada** principal, neoclásica, que cubre la gótica original. En el **presbiterio** puede verse la imagen de la Virgen presentando a Jesús en el templo con san Juan Bautista a la izquierda y san Esteban protomártir a la derecha. También destaca el **órgano,** de gran calidad instrumental y artística.

En la base del **campanario** se alzan varios arcos aprovechados del viejo minarete, los únicos vestigios que quedan de la antigua mezquita que ocupaba el lugar.

Las últimas rehabilitaciones han incluido la restauración del **Portal de la Llum** y la colocación de nuevas gárgolas.

Su historia

Tras la conquista de Menorca, Alfonso III ordenó que se erigieran tres capellanías en Ciutadella, una de ellas la actual catedral, en el emplazamiento de la antigua mezquita mayor de la medina. Dos siglos después, durante la incursión otomana del s. XVI fue víctima de un devastador incendio que provocó, unos años más tarde, el hundimiento de gran parte del templo. Reconstruida con un tercer contrafuerte en la fachada sur, en el s. XVIII se levantó la capilla de Ses Ànimes y en 1795 el papa Pío VI la elevó al rango de catedral.

Durante la Guerra Civil sufrió la destrucción de gran parte de su mobiliario, y tras la contienda, fue restaurada por el arquitecto Rubió i Bellver.

En 1987 se acometió una rehabilitación integral del edificio, dotándola del esplendor que se observa en la actualidad.

★ Consejos

- Vale la pena comprar la entrada combinada que permite visitar la catedral y el Convent de Sant Agustí.
- Al estar en pleno centro, se puede complementar la visita a la catedral con un paseo por el casco antiguo de Ciutadella (p. 124).
- Desde el exterior se aprecian mejor las proporciones de este templo de estilo gótico catalán.
- Tanto en la entrada como en la oficina de turismo informan sobre los conciertos de órgano previstos.

✕ Una pausa

Junto a la catedral está **Sa Gelateria** (☎ 971 381 892; Plaça de la Catedral 3; ⏲ 10.00-1.30 verano), heladería que dispone de sillas (sin mesas) en el exterior y ofrece más de 40 helados artesanos, entre ellos algunos tan sorprendentes como el de limón con jengibre, el de higos o el de *pomada* (gin con limón).

Las mejores experiencias

Explorar las casas señoriales de Ciutadella

A partir del s. XVII y durante la ocupación inglesa del s. XVIII, la aristocracia de Ciutadella intentó afirmar su preeminencia social mediante la construcción de lujosas mansiones de marés. Estos palacios, de influencias locales, italianas y francesas, se abren a la calle mediante amplios vestíbulos de bóveda de arista, iluminados por lucernarios o cúpulas acristaladas. Algunos de ellos han abierto sus puertas al público.

PLANO P. 127

www.ciutadellaantiga.es/es/conjunto_historico

Casa Olivar

Frente a la catedral, la **Casa Olivar** (en la foto; 647 634 487; Plaça Catedral 8; entrada 5 €, visitas guiadas 12 €; 10.30-14.00 y 16.30-20.00 lu-vi 13.00-14.00 jun-sep; visitas guiadas previa cita) fue construida a finales del s. XVII y remodelada en el s. XVIII, cuando adquirió su actual aire neoclásico. Está formada por tres cuerpos, con una entrada central rematada por un tímpano. La majestuosa escalera de entrada da acceso a las salas nobles abiertas al público; en ellas puede contemplarse un regio mobiliario y un ajuar doméstico que documenta el modo de vida aristocrático, desde ricas vajillas, hasta el vestido y arreos de *senyor caixer* de las fiestas de Sant Joan. El sótano –la cantera de la que se extrajo el marés para la construcción de la mansión– fue acondicionado para albergar las bodegas y la cuadra. Se trata de uno de los edificios artísticos e históricos privados mejor conservados de Menorca y los fondos obtenidos por las visitas turísticas sirven para financiar diferentes actuaciones de conservación del edificio y su patrimonio histórico, artístico y documental.

Can Salort

Originalmente construido en el s. XVII, el hermoso **Can Salort** (palaciosalort.com; Carrer Major 9; adultos/niños de 8-14 años 6/3 €; 10.00-14.00 lu-sa verano, visitas concertadas resto del año) fue totalmente remodelado en 1813. Presenta dos fachadas de estilos muy diferentes: la del Carrer Major es sobria, maciza, sin concesiones, mientras que la de la Plaça des Born, que sirvió de modelo a la vecina Torre-Saura, presenta una elegantísima *loggia* italianizante de tres arcos y un bello mirador en el piso superior. Del interior del palacio destacan el salón de los espejos, el salón de la chimenea y la cocina. En la entrada principal, patio y jardín interior se encuentra el **bar y restaurante Moriarty,** donde a veces hay música en directo.

★ Consejos

- La oficina de turismo de Ciutadella, situada en la Plaça des Born, facilita amplia información sobre las casas señoriales, tanto las abiertas al público como las de uso privado.
- Al visitar los palacios hay que fijarse en su suntuoso mobiliario para hacerse una idea de cómo era la vida doméstica de una clase social que, sin doblegarse a la dominación inglesa, supo aprender formas de vida del ocupante.
- Las visitas guiadas a las casas abiertas al público hay que concertarlas con antelación.
- Todas estas casas están en el casco antiguo, unas muy cerca de las otras, por lo que sus fachadas pueden verse en un agradable paseo por el centro de Ciutadella (p. 124).

Can Saura

Este antiguo **palacio** (Carrer Santíssim 2) del s. XVII con un agradable patio interior es una de las joyas arquitectónicas del barroco menorquín, algo fácil de descubrir observando su fachada, muy ornamentada, con ventanas separadas por columnas y un historiado voladizo. En la actualidad alberga el **Museu Municipal de Ciutadella**; (adultos/ jubilados y estudiantes 5 € solo en efectivo/gratis, mi gratis; ⌚10.30-13.30 y 18.00-21.30 ma-sa verano, 10.30-13.30 y 17.00-20.00 ma-sa resto del año), que muestra una amplia colección de elementos etnológicos, así como un importante fondo arqueológico. El museo dedica parte de sus dependencias a explicar los oficios de la ciudad, del campo y las fiestas de Sant Joan y, durante todo el año, de manera puntual, organiza conciertos, exposiciones y espectáculos artísticos.

Cas Comte (Casa del Comte de Torre-Saura)

Ildefonso Hernández, el arquitecto del Teatre Principal de Maó, levantó en 1839 este impactante **palacio** (www.fundaciontorresaura.com; Carrer Major 8; entrada 5 €, visitas guiadas 12 €; ⌚10.30-14.30 lu-sa) que muestra una combinación de toques afrancesados, italianizantes y locales. Junto con su vecino Can Salort, forma una dignísima salida del Carrer Major y, en su simétrica disposición en la Plaça des Born, una hermosa fachada oriental. Está compuesto por dos *loggias* italianizantes, a juego con la de Can Salort, que delimitan un cuerpo central en el que se abre una falsa puerta principal, rematada por un elegante arco. La entrada principal da acceso a un amplio vestíbulo del que parte la escalera regia a las dependencias interiores. Llama la atención el misterioso

Casa del Comte de Torre-Saura.

rostro de mujer velada que preside la puerta de entrada. Abierta al público hace relativamente poco tiempo, en los dos últimos años se ha trabajado en la renovación de varios espacios interiores, tanto en la zona noble del palacio como el patio, un sótano (con una colección de material etnológico) y las cocheras, donde pueden verse varios carruajes de época.

Casa del Baró de Lluriac

El palacio más antiguo de Ciutadella es la **Casa del Baró de Lluriac** (Carrer Santa Clara 33; cerrado al público), datado en 1607, como aparece grabado en una clave. También la baronía de Lloriac es el título más longevo de Menorca, otorgado por Carlos II a la familia Cardona en 1683. La planta noble se articula alrededor de la escalera de gala, de un amplio pasillo que la recorre y de tres patios. Desde la calle puede contemplarse su fachada, que presenta algunos primeros elementos barrocos, como las pechinas que coronan los balcones. Solo se puede contemplar la fachada, pues el palacio es exclusivamente de uso privado.

Palau Squella

La familia Squella, de origen pisano, se estableció en Ciutadella en el s. XIV, y cuatro siglos más tarde levantó este **palacio** (Carrer Sant Sebastià 20; cerrado al público) en estilo básicamente barroco debido a los estrechos vínculos de la familia con Italia, aunque presenta ya detalles neoclásicos, como su sobria y simétrica fachada. Del vestíbulo arranca la escalera noble, de zigzagueante diseño, en un elegante conjunto rematado por un lucernario con vidrios laterales. Su gran balcón central de hierro forjado unifica dos antiguos inmuebles, los palacetes Gomila y Squella.

Cas Duc, Palau dels Marquesos d'Albranca

Aunque no se sabe muy bien su origen, la fachada actual de **Cas Duc** (Carrer Santíssim 7; cerrado al público) data del s. XIX. Tiene un aire severo, aligerado por siete balcones que se sustentan con terrazones de forma elíptica y un ático formado por una sucesión de ventanas al estilo de los palacios mallorquines. El interior, de uso privado, conserva mobiliario y cuadros de época.

Can Sintas

Resultado de la unión de diversas viviendas contiguas remodeladas entre los ss. XVII y XIX, cuesta encontrar este **palacio** (Carrer Sant Jeroni 11; cerrado al público) situado en el estrechísimo Carrer Sant Jeroni, pues el exterior pasa casi desapercibido; solo destacan tres balcones con artísticas parabandas.

Al igual que los tres palacios anteriores, no está abierto al público, y es una pena porque en su interior hay un cuidado jardín y un salón principal con una colección de retratos, marinas y bellos muebles de época.

Circuito a pie

Casco histórico de Ciutadella

Ciutadella es una ciudad señorial con un pasado histórico que tuvo grandes momentos de opulencia, como puede verse deambulando por su casco antiguo, cuajado de mansiones y casas señoriales cuyas fachadas hacen que en cualquier paseo se levante la cabeza una vez tras otra. Además, todo el centro está lleno de tiendas, boutiques, bares y restaurantes de calidad, que convertirán un paseo por el centro en una agradable experiencia vespertina.

Datos

Inicio Plaça des Born

Final Puerto

Distancia 1,8 km, 3¾ h

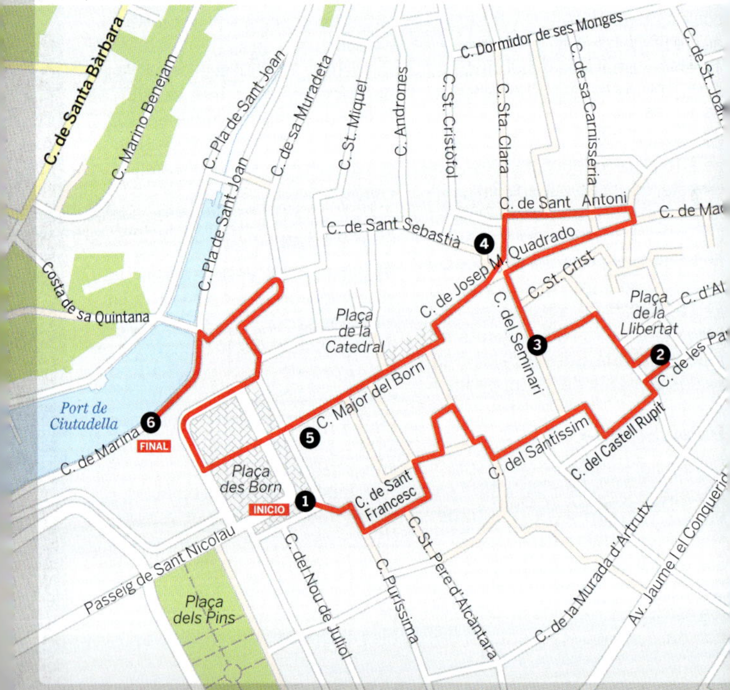

❶ Plaça des Born

Se inicia el recorrido en la **Plaça des Born,** enorme explanada centrada por un obelisco del s. XIX, donde se monta un mercadillo artesanal. Aquí se encuentran la oficina de turismo, que facilita planos de la ciudad, el extraño edificio del Ayuntamiento y, en un extremo, la Església de Sant Francesc (p. 128).

❷ Plaça de la Llibertat

Entrando por las callejuelas del casco antiguo, se pasa frente a Can Sintas (p. 123), la Església del Roser (p. 128) y Cas Duc (p. 123) para llegar a la **Plaça de la Llibertat,** centrada por el Mercat des Peix (p. 139), con sus coloridos puestos donde contemplar, oler y comprar marisco y pescado fresquísimos.

❸ Museu Diocesà de Menorca

La siguiente cita es el espectacular Convent de Sant Agustí (p. 128), que acoge el **Museu Diocesà de Menorca** (☎ 971 481 297; Carrer del Seminari 7; entrada combinada con la catedral adultos/jubilados/menores de 12 años 7/5,80 €/gratis; 🕐10.00-16.00 lu-sa may-oct), con piezas de la cultura talayótica, una colección de pintura del s. XVIII, obra pictórica del artista local Pere Daura (1896-1976) y, lo más destacable, una magnífica colección de objetos litúrgicos menorquines de los ss. XVII-XX, que reflejan la historia de las artes aplicadas, especialmente la orfebrería.

❹ Ses Voltes

Esta porticada calle (p. 128), oficialmente llamada **Carrer Josep Maria Quadrado,** es uno de los principales ejes comerciales de Ciutadella, siempre abarrotada de gente que pasea contemplando sus tiendas, *boutiques,* bares y restaurantes. Vale la pena fijarse en la pequeña estatua que se apoya sobre una columna de hormigón entre el primer y segundo tramo de porches, en la llamada Plaça Vella, que representa *Es Be,* un pequeño cordero clave en las fiestas de Sant Joan (p. 145), obra del artista local Maties Quetglas.

❺ Carrer Major

La continuación de Ses Voltes, pasada la imponente catedral (p. 118), es el Carrer Major del Born, corta pero señorial calle flanqueada a ambos lados por la Casa Olivar (p. 121), Cas Comte (p. 122) y Can Salort (p. 121), estas dos últimas, esquineras con la Plaça des Born.

❻ Puerto

La Baixada de Capllonc lleva directamente al **puerto,** donde, según la hora, se puede tomar un tentempié o una merecida cena y, por la noche, vivir la vida nocturna más animada de toda la isla en alguna de sus discotecas o bares de copas, como el Jazzbah (p. 143), o el Gabanna (p. 143). Y para volver a la Plaça des Born, lo mejor es subir por la pendiente de Costa Marina, con puestos de artesanía auténtica.

A
B
C
D
E
F
1
2
3
4
Codolar de Torre Nova
Punta Nati
12
9
Cala Morell
Cala Morell
50
Son Escudero
10
Cala d'Algaiarens
Sa Falconera (207 m)
Cala Pilar
Cala en Calderer
Son Ermità
Punta Espardina
Son Bernardí
Torre Vella
0
5 km
Son Planas
Sa Falconera
Bajolí (79 m)
Ses Arenes
Véase ampliación
58
Ses Arenetes
Alpútzer Vell
Alpútzer Nou
36
37
Cala en Blanes
Líthica
8
53
Ses Tavernes
7
Ciutadella de Menorca
Castell de Sant Nicolau
Son Oleo
Son Quim
Sa Caleta
Santandria
Ferreries
Son Gras
Cala Santandria
Son Vivó
Morverdre Nou
MAR MEDITERRÁNEO
49
38
Cova de s'Aigua
39
11
Sant Joan de Missa
Puig de Son Tica (91 m)
Barranc d'Algendar
Barranc de Trebalúger
Cala Blanca
Cala Blanca
Cap Negre
Son Olivaret Vell
Torre Saura Vell
Serpentona
Cala Galdana
Cala en Bosch
Talaia d'Artrutx (64 m)
13
42
Son Xoriguer
Sant Agustí
Cap d'Artrutx
40
41
Cala Mitjana
51
Platja de Son Xoriguer
Cala des Talaier

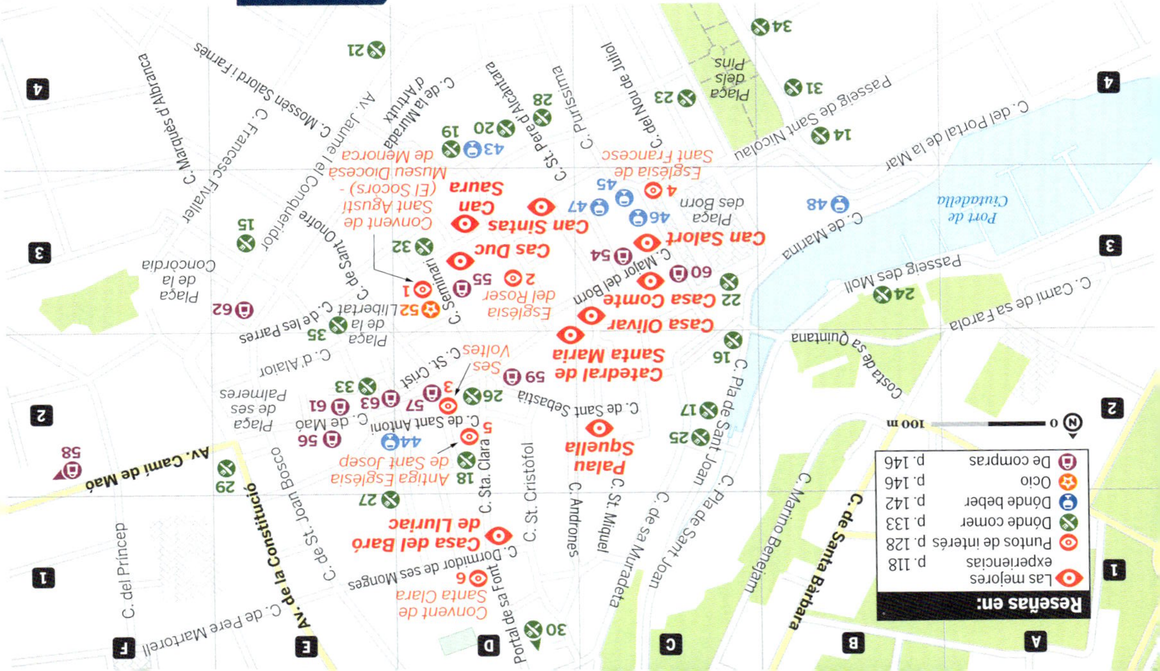
Reseñas en:
Las mejores experiencias p. 118
Puntos de interés p. 128
Dónde comer p. 133
Dónde beber p. 142
Ocio p. 146
De compras p. 146
0
100 m
A
B
C
D
E
F
1
2
3
4
Av. de la Constitució
Av. Camí de Maó
C. de Pere Martorell
C. del Príncep
C. de St. Joan Bosco
Portal de sa Font
C. Dormidor de ses Monges
Convent de Santa Clara
Casa del Baró de Lluriac
C. Sta. Clara
C. St. Cristòfol
Antiga Església de Sant Josep
C. de Sant Antoni
C. de Maó
Plaça de ses Palmeres
C. d'Alaior
Plaça de la Libertat
C. de les Parres
Plaça de la Concòrdia
C. de Sant Onofre
C. Seminari
Convent de Sant Agustí (El Socors) - Museu Diocesà de Menorca
Av. Jaume I el Conqueridor
C. Francesc Fivaller
C. Marquès d'Albranca
C. Mossèn Salord i Farnés
C. de la Murada d'Artrutx
C. St. Crist
Ses Voltes
C. de Sant Sebastià
Palau Squella
C. Andrones
C. St. Miquel
C. de sa Muradeta
C. Pla de Sant Joan
Catedral de Santa Maria
Església del Roser
Cas Duc
Can Sintas
Can Saura
Casa Olivar
Casa Comte
C. Major del Born
Can Salort
Plaça des Born
Església de Sant Francesc
C. St. Pere d'Alcàntara
C. Puríssima
C. del Nou de Juliol
Plaça dels Pins
Passeig de Sant Nicolau
C. del Portal de la Mar
C. de Marina
Port de Ciutadella
Passeig des Moll
Costa de sa Quintana
C. Camí de sa Farola
C. de Santa Bàrbara
C. Marino Beneiam

Puntos de interés

Convent de Sant Agustí (El Socors)

CONVENTO, MUSEO

1 PLANO P. 127, D3

En este antiguo convento de los ss. XVII-XVIII, con una parte que sigue teniendo un uso conventual, destaca la restaurada Església del Socors, en su día con espléndidos retablos barrocos y neoclásicos destruidos durante la Guerra Civil, que cuenta con un órgano barroco de gran sonoridad. El otro gran elemento del convento es su claustro, de notables proporciones, tachonado en sus arcos de escudos de las antiguas familias nobles menorquinas junto a símbolos religiosos. Las salas que se abren al claustro acogen el Museu Diocesà de Menorca (p. 125). (971 481 297; Carrer del Seminari 7; entrada combinada con la catedral adultos/jubilados/menores de 12 años 7/5,80 €/gratis; visita guiada catedral y Convent de Sant Agustí 13 €; 10.00-16.00 lu-sa may-oct, visita guiada 12.00)

Església del Roser

IGLESIA

2 PLANO P. 127, D3

Iglesia del s. XVII, de una sola nave, con bóveda de crucería de estilo barroco-plateresco, hoy convertida en sala de exposiciones municipal. En su interior sorprende la utilización del estriado del marés en casi todos los ornamentos de los arcos, y vale la pena fijarse en el rosetón que representa a la Virgen del Roser. (971 383 563; Carrer Roser 11; gratis; 10.00-13.00 y 18.30-21.30 ma-sa verano, horario reducido resto del año)

Ses Voltes

CALLE

3 PLANO P. 127, D2

Esta bonita calle, una de las más emblemáticas del casco antiguo y oficialmente llamada Carrer Josep Maria Quadrado, se extiende desde la Plaça de la Catedral hasta la Plaça Nova, límite de la antiquísima Medina Manirqa. El primer tramo solo tiene arcos a un lado, mientras que el segundo los presenta a ambos costados. Es uno de los principales ejes comerciales de la ciudad, repleto de comercios, bares y restaurantes.

Església de Sant Francesc

IGLESIA

4 PLANO P. 127, C3

Parte de un antiguo conjunto monástico franciscano que incluía la propia iglesia, un cementerio y las dependencias conventuales, de estilo gótico, creado justo después de la conquista de la isla. Arrasada por los otomanos en 1558, fue reconstruida en dos fases en estilo combinado tardogótico-neoclásico. La actual fachada de la Plaça des Born fue sufragada por el conde de Torre-Saura en 1808. (Plaça des Born 8)

Convent de Santa Clara.

Antiga Església de Sant Josep IGLESIA, SALA DE EXPOSICIONES

5 PLANO P. 127, D2

Diminuto templo del s. XIV que fue sede de las cofradías de carpinteros, picapedreros y trajinantes, remodelado en el s. XVII. La fachada es el resultado de una desafortunada intervención del s. XIX, que cambió la ubicación de la entrada, añadió el arco ojival con capiteles de decoración vegetal y creó el rosetón central. Hoy en día, desacralizada, se utiliza como sala de exposiciones. (971 480 686; Carrer Santa Clara 9)

Convent de Santa Clara CONVENTO

6 PLANO P. 127, D1

Fundado en 1287, fue destruido por las huestes otomanas en 1558, reconstruido durante los ss. XVII y XVIII, destruido de nuevo en 1936 y rehecho una vez más. En la actualidad es un edificio neogótico sin excesivo interés arquitectónico, pero de gran valor simbólico para los ciudadelanos, muy vinculados sentimentalmente a la comunidad de las clarisas. De manera puntual se celebran conciertos en el patio (verano) y en el interior de la iglesia (invierno). (Carrer Portal de la Font 2)

Dormir en un hotel-'boutique'

En los últimos años, un gran número de antiguas casas del centro de Ciutadella y de Maó han sido completamente rehabilitadas y convertidas en elegantes hoteles-*boutique*, de pocas habitaciones, con todo tipo de lujos, e incluso algunas con *spa* en el sótano. No son baratos (difícilmente bajan de los 200 € en temporada), pero si uno quiere darse un capricho una noche, vivirá una experiencia mágica. Entre los mejores de Ciutadella, destacan el **Marosi** (marosihotel.com), **Ca S'Arader** (casarader.com), **Can Aranya** (florderosassa.com/es/hotel-can-araya), **HoMe** (homehotelmenorca.com) o **Divina Suites** (divinasuites.com). La otra cara de la moneda de estas casas reconvertidas en hoteles es que en el centro de las dos principales ciudades de la isla cada vez escasean más las casas de alquiler, lo que dificulta el acceso a una vivienda propia a los jóvenes menorquines.

Castell de Sant Nicolau

CASTILLO

7 PLANO P. 126, B2

Elegante ejemplo de arquitectura militar castellana de finales del s. XVII, destinado a la defensa de la bocana occidental del puerto de Ciutadella. La fortaleza se apoya sobre un zócalo tallado en la roca y es de planta octogonal, con las paredes exteriores de marés rellenas con piedras y mortero, y rodeadas por un foso de 2 m de profundidad y 8 m de anchura. Originalmente debía estar cubierto por una cúpula capaz de sostener varias piezas de artillería. Una escalera de caracol, encajada en las paredes, recorre las plantas y sobresale de la construcción para comunicar visualmente con otras torres de defensa. Perfectamente rehabilitado, hasta el 2023 la entrada era gratuita, pero en el momento de redactar esta guía estaba previsto que a partir del verano del 2024 se cobre una tarifa de acceso. (✆ 971 381 050; Plaça Almirall Ferragut)

Líthica

PAISAJE Y MÚSICA

8 PLANO P. 126, C2

Las antiguas Pedreres de S'Hostal, unas canteras de marés abandonadas, en su día fueron recuperadas como espacio lúdico, aunque se han conservado las áreas de extracción manual, más antiguas, con sugerentes formas orgánicas, y las de explotación mecánica, de líneas rectas. Hoy, visitando el recinto, uno se encuentra con un laberinto vegetal y otro mineral, un jardín medieval y un circuito botánico. En temporada estival, Líthica se convierte en sala de conciertos, danza y exposición de esculturas (p. 146) y se organizan talleres de talla de piedra de marés; también en verano, los martes a las 18.30 se organiza una visita guiada conocida como "Ruta de los Laberintos" (10 €). (www.lithica.es; Camí Vell, km 1; adultos/mayores de 65 años/menores de 12 años 7/4 €/gratis abr-oct, todos gratis nov-mar; ⏲ 9.30-14.30 y 16.30-puesta de sol lu-sa 9.30-14.30 do abr-oct, 9.30-14.30 nov-mar, cerrado ene)

Cala Morell

CALA Y NECRÓPOLIS

9 ◉ PLANO P. 126, C1

Playa recoleta (de 80 m de largo y 50 m de ancho), urbanizada, situada en la desembocadura de un pequeño barranco. La playa en sí no tiene excesivo interés, pero en sus laderas rocosas fueron excavadas, entre la época pretalayótica y el s. II d.C., 14 espectaculares cuevas con funciones funerarias. Las grutas presentan gran profusión de elementos arquitectónicos, como columnas, algunas incluso con sus capiteles, ventanas, diferentes niveles interiores y decoraciones de tipo clásico esculpidas en algunas fachadas. La necrópolis, 9 km al norte de Ciutadella, está bien señalizada. (ctra. a la urbanización Cala Morell; entrada gratis)

Cala d'Algaiarens

CALA

10 ◉ PLANO P. 126, D1

En una zona típicamente escarpada del norte y protegida por un espeso bosque de pinos, esta playa parece un auténtico oasis con su arena frente a un mar cristalino. Para llegar a ella, a 12 km de Ciutadella, hay que seguir el Camí d'Algaiarens, dejar el coche en un *parking* y caminar unos 500 m.

Cova de s'Aigua

ESPACIO NATURAL

11 ◉ PLANO P. 126, B3

Esta cueva de grandes dimensiones situada en Cala Blanca es una auténtica maravilla natural. Alberga un lago interior y muchas estalactitas y estalagmitas que han ido creando caprichosas formas en su interior. Reabierta al público en el 2021, tiene una gran importancia natural, geológica y arqueológica y es uno de los espacios naturales más sorprendentes de Menorca. Para recorrerla se organizan visitas guiada de 45 min. (www.menorca.es/es/Visitas_guiadas_la_Cova_de_sAigua/14052; Carrer del Llac 1, Cala Blanca; adultos/reducida 10/5 €;

Cala d'Algaiarens.

© SHUTTERSTOCK/SEVUSOD!

Castell de Sant Nicolau.

13.30-15.00 variable en función del mes, consultar la web)

Punta Nati

CABO

12 PLANO P. 126, B1

Sin vegetación, inhóspito y con un perfil muy escarpado, el cabo de Punta Nati, en el extremo noroccidental de Menorca, muestra a la perfección el efecto de la tramontana. Su faro, inaugurado en 1913, se construyó tras el naufragio del buque francés *General Chanzy* en estas aguas, del que solo se salvó una persona. Junto al faro hay dos refugios de la Guerra Civil. Situado a 6 km de Ciutadella, se llega por la pequeña carretera Cf-5. Por su situación, es uno de los lugares más privilegiados para ver la puesta de sol sobre el mar.

Cap d'Artrutx

CABO

13 PLANO P. 126, B4

Marcando el extremo suroccidental de la isla, el Cap d'Artrutx, aunque muy urbanizado, destaca por su faro, inaugurado en 1859. A diferencia del cabo de Punta Nati, aquí el perfil es muy bajo, aunque igualmente pedregoso. A la hora de la puesta de sol, muchos vecinos y turistas alojados en Cala Santandria y Cala Blanca aprovechan para contemplar el ocaso sobre el mar. A 8,5 km de Ciutadella por la Me-24, muchas noches despejadas sus luces parecen dialogar con el faro de Capdepera, en la isla de Mallorca. El faro del cabo cuenta con un *sea club* (p. 146) que dispone de una zona *chill out* y restaurante.

Dónde comer

Mon

DE AUTOR €€

14 PLANO P. 127, B4

Con decoración minimalista, manteles blancos y música *lounge*, es uno de los restaurantes más recomendables y de mayor prestigio de Ciutadella. El reconocido chef Felip Llofriu presenta una carta breve, que cambia con frecuencia según el mercado. Trabaja preferentemente con productos locales, como el pan, de elaboración casera a partir de una variedad de trigo menorquín. Ofrece dos menús, uno clásico y otro degustación, cuyos platos parecen salidos del taller de un alquimista que haya sabido concentrar en el plato toda la esencia del Mediterráneo. El edificio del restaurante acoge también una fonda con ocho habitaciones a las que les sobra encanto. (971 381 718; www.monrestaurantfonda.com; Passeig Sant Nicolau 4; menú 32,5 €, menú de degustación 69,5 €, principales 25-42 €; 13.30-15.30 y 20.30-22.30 lu-sa)

Smoix

DE FUSIÓN €€

15 PLANO P. 127, E3

Aquí hay cocina de fusión, siempre a partir de una base mediterránea, en un marco cálido y acogedor, decorado con mucho estilo. La lenteja beluga con puré de puerros, limón y langostinos en tempura o las mollejas de ternera y el *calçot* asado con salsa bearnesa de hierbas, son sublimes. Hay que dejar espacio para los excelentes postres. Es uno de los imprescindibles de Ciutadella y también gestiona la cocina del hotel rural Sant Ignasi by Smoix. (971 382 808; www.smoix.com; Av. Jaume el Conqueridor 38; principales 15-27 €; 13.00-15.00 y 20.00-22.30 ma-sa, 20.00-23.30 lu, cerrado do)

S'Amarador

MARINERA €€

16 PLANO P. 127, C2

Junto al puente que comunica las dos orillas del puerto, es un restaurante especializado en pescado y marisco –dentón, mero, gambas, cigalas, cazoleta de rape, caldereta de langosta–, con algunos platos de carne y arroces bien temperados. Su chef José Luis Riuesca es todo un referente de la cocina menorquina. Tiene vivero propio e imaginativos postres. La carta de vinos dispone de más de un centenar de referencias. (971 383 524; www.samarador.com; Carrer Pere Capllonch 42, puerto; principales 20-49 €; 13.00-15.30 y 19.00-23.15, cerrado mi)

Cafè Balear

MARINERA €€

17 PLANO P. 127, C2

En marcha desde la década de 1970 –en su día fue la típica taberna del muelle que alimentaba a los pescadores antes de que se echaran a la mar–, es todo un clásico que ofrece pescado fresquísimo capturado con su propia barca de pesca, la *Rosa Santa Primera*. Elabora platos como caldereta, *fideuà*, parrillada, calamar relleno a la menorquina, o langosta frita con huevos y patatas. Dispone de una terraza junto al agua, apartada del bullicio turístico, y un comedor interior con una portentosa cercha. Vale la pena estar atento a los platos del día. (971 380 005; www.cafebalear.com; Passeig des Moll 15; principales 25-35 €, menú degustación de caldereta de langosta 70 €; 13.00-15.30 y 20.00-23.30 lu-sa jul-sep, ma-do abr-jun y oct, mi-sa feb y mar, cerrado nov-ene)

Es Tast de Na Sílvia SLOW FOOD €€

18 PLANO P. 127, D2

Junto a un palacete del s. XVIII, es uno de los poquísimos restaurantes de todas las islas Baleares certificado con el sello Slow Food y km 0, al frente del cual está Sílvia Anglada, una chef que se esmera en recuperar las recetas de la cocina tradicional menorquina. La carta cambia a diario, en función del mercado, y hay que estar muy atentos a las surgencias del día. (649 413 635; www.estastdenasilvia.com; Carrer Santa Clara 14; principales 16-24 €; 13.00-15.30 y 20.00-22.30 ju-lu verano, horario reducido resto del año)

Pez Limón GASTROTECA €€

19 PLANO P. 127, D4

En este local escondido en el centro de Ciutadella sirven unos tiraditos, ceviches, tartares y marinados que captan a la perfección la esencia del mar. Pero la cosa no acaba aquí, pues sus platillos para compartir, carnes y postres, amén del arroz del día, que va cambiando en función de lo que ofrece el mercado, son de los que uno recuerda para bien mucho después de haber terminado sus vacaciones. (871 554 394; www.pezlimonmenorca.com; Carrer Sant Joan Baptista 8; principales 13-30 €; 20.00-23.30 lu-vi, 13.00-15.00 y 20.00-23.30 sa)

Cuk-Cuk ARROCES, TALLERES DE COCINA €€

20 PLANO P. 127, D4

Situado en una casa tradicional del centro de Ciutadella, no solo es un restaurante especializado en arroces y calderetas sino que también organiza talleres de cocina en los que se termina comiendo lo elaborado en el propio taller. Asimismo, ofrece cursillos de coctelería. (971 380 703; www.cuk-cuk.com; Carrer Sant Pere d'Alcàntara 13; menú de degustación 34,50-44,50 € principales 15-27 €; almuerzo y cena ma, ju y sa, solo cena mi y vi, cerrado nov-abr)

Primitiu DE MERCADO €€

21 PLANO P. 127, E4

Comer en este local que apuesta por los productos de km 0 es toda una experiencia: Joan recibe a los comensales y les presenta su propuesta gastronómica del día, pero solo indicando de qué materia prima principal se trata, sin detallar su elaboración ni los productos con los que se cocina; debe ser el propio comensal quien adivine qué está comiendo y cómo está cocinado, todo un reto para los aprendices de *gourmet*. La carta de vinos es muy completa y el trato es más que amable. (☎ 676 856 287; Av. Jaume I el Conqueridor, 112; principales 19-38 €; ⏱ 12.00-16.00 y 19.30-24.00, lu y do solo almuerzo)

Cas Cònsol

MENORQUINA €€

22 ✖ PLANO P. 127, C3

Impresionante es la vista sobre el puerto desde esta casa del s. XVIII, antigua residencia del cónsul francés, con una decoración exquisita. Ofrece cocina mediterránea y dispone de un menú para niños. Es imprescindible reservar si se quiere cenar en la terraza. (☎ 971 484 654; casconsolmenorca.com; Plaça des Born 17; principales 19-27 €; ⏱ 13.00-16-00 y 19.00-23.30 lu-sa)

Es Pinzell

CONTEMPORÁNEA €€

23 ✖ PLANO P. 127, C4

Restaurante con una decoración de tonos claros y una agradable terraza en la plaza, que ofrece una cocina contemporánea menorquina muy elaborada; aquí se apuesta por la innovación y la creatividad, y es que se nota la vocación artística de sus dueños y, en especial, de su chef Joan Salord. Sirvan como muestra el *carpaccio* de codorniz ahumada con boniato escalivado, las albóndigas de raya con salsa de alcaparras o el rodaballo *glace* con *carpaccio* de gambas. (☎ 871 027 334; www.pinzellrestaurant.com; Plaça dels Pins 4; principales 19-26 €; ⏱ 13.00-15.30 y 20.00-23.30, ma cerrado)

Faro del cabo Punta Nati.

Flamante

BRASA €€

24 PLANO P. 127, B3

Situado en el puerto, con excelentes vistas y una decoración que sorprende al más pintado, es una vieja taberna completamente modernizada, especializado en carnes y pescados a la brasa, aunque también sirve arroces y tapas para compartir. Su lubina y rodaballo salvajes (que se sirven por pieza entera para una mesa) están justo al punto. Por la noche se convierte en una animada coctelería con DJ. (971 407 391; flamantemenorca.com; Passeig des Moll 74; principales 16-28 €; 18.00-23.00 lu y mi-vi, 13.00-16.00 y 19.00-23.00 sa y do)

La Bodega del Jazzbah

PLATILLOS €€

25 PLANO P. 127, C2

Abierto hace pocos años, se trata de la versión gastronómica de la conocida sala de conciertos Jazzbah (p. 143), que ofrece tapas y platillos pensados para compartir, como totopos con atún rojo picante, burrata y alga osmotizada, sándwich de carrilleras al vino y kimchi, o tuétano al horno con tartar de gamba. Y de postre, nada más sugerente que un sorbete de gin Xoriguer con limonada. Solo abren por la noche. (623 239 539; labodegadeljazzbah.com; Passeig Es Pla de Sant Joan 1; principales 13-22 €; 19.30-24.00 mi-do)

Flamante.

Ses Voltes Espai Gastronòmic TAPAS, INTERNACIONAL €€

26 PLANO P. 127, D2

Interesante espacio gastronómico con diferentes ambientes: una planta baja tipo cafetería con zona de tapeo, bocatas, *minipizzas* y desayunos menorquines, una 1ª y 2ª plantas con un restaurante de cocina menorquina, carnes al grill y *pizza* artesanal, una terraza con vistas y la misma carta que en el restaurante, y una bodega subterránea que solo abre para eventos especiales. Siempre se respira un ambiente alegre y jovial. (971 480 314; www.sesvoltesmenorca.com; Carrer Josep Maria Quadrado 16; tapas 6,50-15,50 €, principales 18-27 €, menú diario/fin de semana 18,50/25,50 €; 9.00-24.00 mi-lu)

Cabòria DE AUTOR €€

27 PLANO P. 127, D1

Situado en pleno centro de Ciutadella, presenta cocina de autor con productos de temporada, como el pargo a la brasa con salsa Rose Mary y verduras de temporada o el cochinillo cocinado a baja temperatura con sus migas, aunque lo mejor es probar su menú degustación, con ocho interesantes propuestas gastronómicas (tres entrantes, dos principales y tres postres). En el año 2022 fue designado Restaurante Revelación por la Asociación de Periodistas y Escritores Gastronómicos de las Illes Balears. (971 381 535; Carrer Sa Carnisseria 9; menú degustación 64 €; principales 21-30 €; 13.00-15.30 y 20.00-22.30 ju-sa, 13.00-15.30 do-ma)

Pizzería Roma PIZZAS, MEDITERRÁNEA €€

28 PLANO P. 127, D4

Situado en una antigua panadería y gestionado por el mismo equipo que el Cafè Balear (p. 133), sirve buena pasta y finas *pizzas* hechas en un auténtico horno de leña, pero también otros platos como entrecot de ternera menorquina, habitas salteadas con jamón o pescado a la plancha. Todos los platos y *pizzas* pueden comerse *in situ* o pedirlos para llevar a casa. (971 384 718; www.romaparallevar.es; Carrer Sant Pere Alcàntara 18; principales 18-27, *pizzas* 8,70-17,60 €, menú fin de semana 26,50 €; 13.00-16.00 y 19.30-23.00)

Molí des Comte ASADOR €€

29 PLANO P. 127, E2

Antiguo almacén de trigo del s. XIX con amplias bóvedas convertido en un asador que ha conservado el suelo original. Además de las carnes que cabría esperar, como chuletón gallego o pollo de corral, en las brasas también se asan verduras, pulpo y mejillones con maestría. Dispone también de un gastrobar donde sirven tapas menorquinas pensadas para compartir, perfecto para un picoteo informal. Ocasionalmente hay banquetes de boda. (971 481 414; www.molidescomteasador.com; Av.

Constitució 22; principales 18-29 €; 8.00-24.00 lu-sa jun-sep, horario reducido resto del año)

Citadella

PIZZERÍA, COCTELERÍA €€

30 FUERA DE PLANO P. 127, D1

Local que sirve *pizzas* al horno de leña (hay una riquísima con berenjena caramelizada, *parmigiano reggiano*, miel y aceite balsámico), pasta (como los *agnolotti* artesanos de butifarra, cebolla caramelizada y salsa de setas), tapas para compartir (sorprende el tiradito de ternera menorquina con mayonesa de ajos asados, piñones y lima) y carnes a la brasa. Cuenta con varias salas y una agradable terraza en el 1er piso donde, además de comer, se puede tomar un buen cóctel. (971 863 393; www.cittadellarestaurant.com; Av. Francesc de Borja Moll 1; principales 13-23 €, *pizzas* 8,50-15 €; 13.00-16.00 y 19.00-24.00 ma-do)

Pins 46

TAPAS €€

31 PLANO P. 127, B3

Los amantes de las tapas de calidad tienen su cita en este local con diferentes espacios: una barra de bar ideal para compartir tapas, como unos huevos rotos con gambas de Ciutadella y ajos, con los amigos; un restaurante para una comida más formal (ojo a sus arroces *a la llauna*); y un patio interior, perfecto para una cena al aire libre las noches de verano. (971 481 674; www.cafebalear.com/restaurantes/pins46; Plaça dels Pins 46; tapas 8-24 principales 18-34 €; 13.00-16.00 y 20.00-24.00, jun-sep do cerrado, oct-may mi cerrado)

Maramao

TAPAS €

32 PLANO P. 127, D3

Situado en pleno centro, cerca del Convent de Sant Agustí, se trata de un local de tapas gestionado por unos italianos con una agradable terraza, perfecta para ver pasar la gente. Aunque es un bar, se ha incluido en el apartado de restaurantes, pues sus tapas sirven de sobra para un almuerzo o una cena. Ofrece ensaladas y tapas originales, muy creativas, obra del chef Massimo Mauri, que fusionan la cocina española con la italiana, como el taco de parmesano con pollo al horno y verduras de temporada, o la ensaimada con salmón marinado, queso, guacamole y lima. A veces hay que esperar porque se llena rápido. (664 145 878; www.maramaomenorca.com;
Carrer del Santíssim 8; tapas 7-13 €; 12.00-16.00 y 19.30-22.30 ma-sa, 12.00-16.00 do)

Hogar del Pollo

TAPAS GALLEGAS €

33 PLANO P. 127, E2

Los viajeros con presupuesto ajustado tienen en este pequeño local del centro de Ciutadella su lugar perfecto para comer. A pesar de su nombre, se trata de un bar de tapas gallego, con pulpo, zamburiñas, pimientos del padrón y un buenísimo lacón que parece un entrecot por su grosor. En su barra se respira un ambiente muy taber-

Mercados de Ciutadella

Uno de los rincones más entrañables y coloridos de Ciutadella es el **Mercat des Peix** (mercado del pescado; Plaça de la Llibertat; 7.00-14.00 ma-sa), una pequeña estructura metálica diáfana, de arquitectura singular y muy alegre, construida a mediados del s. XIX y rehabilitada en el 2011. En sus puestos siempre hay el pescado más fresco. Enfrente se abren, bajo unos soportales, los puestos del **mercado de carne y verduras.**

En verano, además, hay un mercadillo de productos artesanales, el **Mercat de Costa Marina** (Costa Marina del Port de Ciutadella; 19.00-24.00 lu-sa jun-sep), que se extiende por la pendiente que baja desde la Plaça des Born hacia el puerto, con unos 30 puestos que venden bañadores, lámparas y todo tipo de productos elaborados por auténticos artesanos. Cerca, en las escaleras que bajan al puerto, se monta el **Mercat Capllonch** (Carrer Pere Capllonch; 19.00-24.00 jun-sep), con los típicos *souvenirs* y camisetas que pueden encontrarse en cualquier mercadillo de la costa peninsular.

Y en la Plaça des Born, los viernes y sábados de todo el año hay un **mercadillo ambulante** (Plaça des Born; 8.00-14.30 vi y sa) con ropa barata y otros productos.

nero y auténtico, sin concesiones estéticas. No aceptan reservas y siempre está lleno, por lo que hay que estar preparados a esperar un rato para conseguir mesa o un rincón en la barra. (971 383 370; Carrer Sant Pere 11; tapas 8-22 €; 8.00-24.00, cocina 12.00-15.30 y 19.00-23.00, cerrado mi)

Puspaayu — HAMBURGUESAS €

34 PLANO P. 127, B4

Situado en la Plaça des Pins, atrae a un público eminentemente joven gracias a sus hamburguesas, las mejores de Ciutadella según su fiel clientela. Ofrece diferentes tipos de hamburguesas de ternera, como la Puspaayu, elaborada con ternera menorquina, queso Maasdam, virutas de jamón serrano y salsa de trufa, aunque también las tiene vegetales y de pollo. Es un buen lugar para empezar la noche. (871 530 695; www.puspaayu.com; Plaça des Pins 37; hamburguesas 11-14 €; cocina 13.15-15.45 y 19.30-24.00)

New Wave — COMIDA VIAJERA €€

35 PLANO P. 127, E3

Situado en la plaza del Mercat des Peix e ideal para una comida rápida y desenfadada, es un establecimiento que ofrece platos de cocina viajera a base de recetas de diversos países del mundo –sus ceviches y arepas están riquísi-

Pedir un 'ginet'

En casi toda la isla de Menorca, una *pomada* es una mezcla de gin con limonada, pero el visitante será objeto de mofa si usa esta palabra en Ciutadella: hay que pedir, simplemente, un *ginet* con limonada.

mos–, que uno se puede tomar allí mismo, en la calle o, mejor aún, llevárselo a casa (el local es pequeño). (☎661 130 907; Plaça de la Llibertat 9; principales 10-22 €; 🕒13.30-15.30 y 19.30-23.00)

Coral Menorca

DE AUTOR, GASTROBAR **€€**

36 PLANO P. 126, B2

Coctelería y gastrobar en la urbanización Torre del Ram, en Cala en Blanes, con excelentes vistas al mar y maravillosas puestas de sol al atardecer. Puede sorprender que en esta guía esté en la sección de restaurantes y no de bares, pero es que su chef Federico Giomi ofrece una cocina singular, producto de sus estancias en Francia, Austria, Tailandia y Japón que combina siempre con productos de km 0. Excepto los domingos, solo abre por la noche. (☎624 411 105; www.coralmenorca.es; urbanización Torre de Ram III 17, Cala en Blanes; principales 20-33 €; 🕒19.00-23.00 mi-lu, también 13.00-15.30 do, cerrado ma)

SaKundi

DE PROXIMIDAD **€€**

37 PLANO P. 126, B2

Autoanunciado como "bar & kitchen", comer aquí promete toda una experiencia gastronómica. Su chef Daniele elabora los platos al momento, basados en el recetario menorquín y elaborados con productos de proximidad (el *tumbet* está más que sabroso). Vale la pena que los comensales pidan platos diferentes y los compartan entre ellos para probar cuantas más exquisiteces mejor. Dispone de una terraza exterior, ideal para una cena al aire libre. (☎643 057 385; Carrer Salamanca 9, Cala en Blanes; principales 16-28 €; 🕒13.00-15.00 y 20.00-22.00 ma-do verano)

Cas Safrà

DE FUSIÓN **€€**

38 PLANO P. 126, B3

Gastrobar y restaurante de Cala Blanca que ofrece una cocina de fusión. Su chef, de raíces uruguayas, sabe tratar las carnes a la perfección. La lengua de ternera braseada con salsa *demi-glacé* de alcaparras o el rodaballo a la brasa con salsa de erizo de mar están buenísimos. También hay platos vegetarianos. (☎971 157 463; www.cassafra.com; Passatge Baladre 3, Cala Blanca; principales 18-22 €; 🕒13.00-15.30 y 19.30-22.30 ju-do, solo 19.30-22.30 ma y mi, cerrado lu)

Miramar

MEDITERRÁNEA **€€**

39 PLANO P. 126, B3

Lo mejor de este restaurante es su situación, sobre unas rocas que dan al mar, en Cala Blanca; comer aquí es casi hacerlo como sobre una embarcación varada. Con un personal muy agradable y atento, sirve calderetas, arroces, carnes y pescados. Su bar, con acceso directo al agua, permite disfrutar de un baño antes o después de la comida. No confundirlo con el restaurante del mismo nombre de Cales Fonts, en el otro extremo de la isla. (971 386 262; www.miramarmenorca.com; Av. Cala Blanca s/n, Cala Blanca; principales 18-32 €; 10.00-24.00 may-oct)

Godai

JAPONESA €€€

40 PLANO P. 126, B4

En Cala en Bosc, cerca del Cap d'Artrutx, el chef Julián Mármol, que obtuvo una estrella Michelin en su restaurante madrileño Yugo the Bunker, ofrece una experiencia gastronómica única en la que fusiona el producto de km 0 con las técnicas culinarias japonesas, creando un diálogo entre la cocina menorquina y la nipona que maravilla por sus sabores y texturas. El restaurante se encuentra dentro del recinto del ecohotel Suites del Lago. (971 384 188; www.godaimenorca.com; Passeig Portitxol, s/n, Cala en Bosch; principales 16-50 €, menú degustación 135 €; 19.00-24.00 jun-sep)

Kaypa

PERUANA €€

41 PLANO P. 126, B4

También dentro del recinto del ecohotel Suites del Lago, este restaurante es como un pedacito de Perú en medio de Menorca. Aquí el chef Omar Malpartida

Mercat des Peix (p. 139).

muestra su inigualable creatividad con sugerencias como el ceviche criollo, el anticucho de pulpo o de solomillo de ternera, o la croqueta limeña. Y a media tarde, la carta de cócteles peruanos le harán dudar al comensal en qué continente realmente se encuentra. (971 384 188; www.kayparestaurante.com; Passeig Portitxol, s/n, Cala en Bosch; principales 21-35 €; 19.00-24.00 jun-sep)

Aquarium

ARROCES, MARINERA **€€**

42 PLANO P. 126, B4

Decorado en estilo marinero, dispone de un enorme acuario-vivero de langostas y bogavantes, además de una terraza, un comedor exterior y un comedor interior solo para adultos, y sirve excelentes arroces y especialidades marineras: el atún rojo lo tratan con absoluta maestría y el arroz meloso con gamba menorquina fascinará a cualquier amante de los arroces. Cuenta con otro restaurante en el puerto de Ciutadella (Marina, 99, Port). (971 387 442; www.aquariumrestaurante.com; Passeig Portitxol, s/n, Cala en Bosch; principales 22-32 €; almuerzo y cena ma, ju y sa, solo cena mi y vi, cerrado nov-abr)

Cap d'Artrutx.

HENNER DAMKE/SHUTTERSTOCK ©

Dónde beber

La Margarete

BAR DE COPAS

43 PLANO P. 127, D4

En pleno centro histórico se esconde este hermoso jardín con un público eminentemente treintañero. Con cócteles, zumos, música *indie*, sala de exposiciones, etc., para muchos es la mejor terraza de Ciutadella. Solo abre por la tarde-noche y en los últimos años se ha puesto de moda como sede del *tardeo*. (971 482 097; Carrer Sant Joan Baptista 6; 19.00-1.30 lu-sa verado, horario reducido resto del año)

Quèstat?

TAPAS, BOCADILLOS

44 PLANO P. 127, E2

Basta ver su terraza siempre llena a media tarde para intuir que en este local en pleno centro de Ciutadella las tapas son exquisitas, al igual que los bocadillos, las hamburguesas y las *pizzas*. Podría ir a la sección de restaurantes de este capítulo, pero se mantiene en esta sección porque es ideal para ir a tomar un tentempié a media mañana o al atardecer y contem-

De marcha por el puerto de Ciutadella

Los ciudadelanos presumen de la vida nocturna más viva de Menorca, concentrada, sobre todo, en el área del puerto, donde cada cual puede encontrar su ambiente favorito. Entre los locales de más éxito destaca el **Jazzbah** (971 482 953; jazzbah.es; 23.00-5.30), una de las salas de conciertos en directo más activas de la isla durante la temporada de verano; en activo desde hace 25 años, está articulado en dos espacios, una planta baja con música bailable y un *chill-out* donde tomar una copa tranquila. Vale la pena estar atentos a su programa de actuaciones. Para un buen cóctel contemplando el puerto con música de DJ, la terraza del restaurante Flamante (p. 136) es otra opción perfecta.

Por su parte, la discoteca **Kopas** (www.kopasclub.com; 22.00-5.30 ju-sa) es el reino de la juventud, con tres ambientes diferentes, la música más actual y cócteles imaginativos. Al igual que la discoteca **Iguana Port** (iguanaport.com; 22.00-5.30 ju-sa), con música latina, reguetón, *electro house* y ambiente muy joven.

Sin abandonar el puerto, quien busque algo más tranquilo puede tomar una copa en locales como el **Gabanna** (616 924 524; 20.00-1.30), el bar de la juventud dorada de Ciutadella, con una sala *lounge* en la 2ª planta.

plar a la gente pasear. (971 487 719; www.questatbar.com; Plaça Nova 5; 9.00-24.00 lu-ju, hasta 1.00 vi y sa, cerrado do)

Imperi

DESAYUNOS

45 PLANO P. 127, C3

Emblemático bar en una esquina de la Plaça des Born, ideal para desayunar o tomar el aperitivo, que elabora buenos bocadillos, como el de sobrasada de Menorca. Tiene un patio interior con una parra que da frescor y los camareros son amables y muy eficientes. (971 382 220; Plaça des Born, 5; 7.30-1.30 lu-sa verano, horario reducido resto del año)

La Reina

BOCADILLOS

46 PLANO P. 127, C3

Minúsculo local donde, fuera de temporada, cuando los turistas han despejado la ciudad, muchos *ciutadallencs* van a desayunar. Sus bocadillos, pinchos, quiches y tapas son deliciosos. (971 484 934; Plaça des Born 3; 7.30-1.30 lu-sa verano, horario reducido resto del año)

Cafè des Museus

CÓCTELES

47 PLANO P. 127, C3

Coctelería y bar con una larga lista de cócteles elaborados por bármanes profesionales. Dispone de dos espacios claramente diferenciados:

una terraza afuera ideal para tomar algo por la noche, y una pista en la planta inferior donde se pincha música y se baila hasta la madrugada; se ha convertido en un referente del ocio nocturno en Ciutadella. (☎650 542 065; Carrer Palau 4; ⏲19.30-1.30 verano, cerrado ju, horario reducido resto del año)

Tritón

TAPAS

48 PLANO P. 127, B3

Bar del puerto de toda la vida, con sabrosas tapas de pescado y bocadillos, frecuentado por gente que acude para desayunar cerca del mar. Si se quiere ir a tomar algo por la noche, hay que ir temprano porque no aceptan reservas y se llena enseguida. Es todo un hallazgo si se compara el precio de sus tapas con las de los locales de los alrededores. (☎971 380 002; Carrer Marina 55; ⏲6.00-1.00 verano, horario reducido resto del año)

The Blarney Stone

PUB

49 PLANO P. 127, B3

Este establecimiento se fundó en 1999, siendo el primer *pub* irlandés de la isla. Los menorquines lo conocen como S'Irlandès. Se emplaza en Cala Blanca, en un lugar desde el que se ven puestas de sol perfectas. Se pueden picar buenas tapas y hamburguesas e incluso tiene una carta con contundentes platos principales, y cualquiera de sus 10 cócteles ayudará a pasar una velada perfecta. (☎971 481 734; www.theblarneystonemenorca.com; Passatge Baladre 55, Cala Blanca; ⏲9.00-2.00 verano)

Jinetes en las fiestas de Sant Joan.

ZIXIA/SHUTTERSTOCK ©

Las fiestas de Sant Joan

Sin duda el caballo es el animal totémico menorquín. Durante las celebraciones de Sant Joan de Ciutadella, su protagonismo adquiere tonos épicos. La fiesta comienza con la aparición de *s'home d'es be* (el hombre del cordero), que representa a san Juan Bautista y recorre las calles con un blanco e impoluto cordero sobre los hombros. Pero los actos más destacados son los *caragols* del Born y de Santa Clara, en los que los *cavallers* hacen bailar y levantar las patas delanteras a sus monturas entre una multitud enfervorizada por la alegría y, también, por los *ginets* bebidos. Los jinetes representan todos los estamentos de la sociedad ciudadelana: el *caixer senyor* encarna a la nobleza; el *pagès,* a los labradores; el *menestral,* a los artesanos; y el *capellà,* al clero. Los jinetes entran incluso en las plantas bajas de los domicilios que no han tenido la precaución de cruzar un tablón en el umbral.

Otra manifestación hípica muy popular en la ciudad menorquina son los Jocs d'es Pla, donde parejas de jinetes compiten en habilidad por un pasillo que se abre entre la multitud, ensartando una anilla con una lanza (la *ensortilla*), o rompiendo con una piedra la careta sostenida por su compañero que cabalga en paralelo (las *carotades*), entre el júbilo del público que se disputa los fragmentos de careta. Durante las fiestas, cuando no hay caballos en las calles –monturas y jinetes merecen un bien ganado descanso de vez en cuando–, los ciudadelanos se enzarzan en inofensivas batallas de cáscaras de avellanas.

Hay que ser prudentes: los *caragols* no deben tomarse a la ligera, ya que en un momento dado uno puede verse rodeado por cuatro o cinco caballos con las patas levantadas, buscando desesperadamente espacio entre el gentío para apoyarlas en el suelo. Además, intentar competir con los avezados vecinos por la recuperación de fragmentos de careta en los Jocs d'es Pla puede costar el atropello de la siguiente pareja de jinetes. Cada año hay heridos en las fiestas y casi siempre se trata de forasteros.

Ivette Beach Club CLUB DE PLAYA

50 PLANO P. 126, C1

En Cala Morell se encuentra este club de playa inmaculadamente blanco y de aire ibicenco, con acceso directo a las playas y la zona de baño. Sus atardeceres con música *chill out* en verano hacen que uno, ya de vuelta a casa, recuerde sus vacaciones menorquinas como algo memorable. Cuenta con un servicio de cocina y una completa carta de cócteles y zumos naturales. (☎ 689 625 034; www.ivettemenorca.com; Passeig Corona Austral Centaure 64, Cala Morell; 12.00-00.30 verano)

Artrutx Sea Club

CLUB DE COSTA

51 PLANO P. 126, B4

En el faro del Cap d'Artrutx, uno de los más emblemáticos de la isla, se encuentra este *sea club*, ideal para disfrutar de la puesta de sol en su zona *chill out* con un cóctel en la mano. Dispone también de un **restaurante** (principales 18-35 €; 13.00-15.30 y 19.00-23.00 verano) interior y exterior que ofrece cocina mediterránea. (☎ 638 810 964; www.artrutx.com; faro de Artrutx, Cap d'Artrutx; 11.00-24.00 verano)

Ocio

Festival de Música d'Estiu

CONCIERTOS

52 PLANO P. 127, D3

Con más de 50 ediciones a su espalda, este festival, organizado por las Joventuts Musicals de Ciutadella, se celebra entre julio y agosto en el claustro del seminario de la Església del Socors. En él han actuado figuras de talla internacional como la soprano Ainhoa Arteta, el barítono Joan Pons, el flautista Claudio Arimany o la soprano Irene Mas Salom. Se puede consultar la programación en su página web. (☎ 636 866 610; www.jjmmciutadella.com)

Líthica

CONCIERTOS

53 PLANO P. 126, C2

En temporada, estas canteras abandonadas (p. 130), con su sorprendente acústica, se convierten en el marco de conciertos tan señalados como los que en su día protagonizaron Jordi Savall, Mayte Martín o Joan Miquel Oliver, festivales de órgano, talleres de talla de piedra marés, etc. En el 2023 realizó una colaboración con el Festival de Música d'Estiu. Consúltese en la web la programación del momento y los precios de cada evento. (www.lithica.es)

De compras

Blaumarí

MODA

54 PLANO P. 127, C3

Camisetas de fibras naturales con dibujos de Menorca, abarcas, todo tipo de zapatillas y complementos de vestir esperan en esta tienda parecida a un elegante mercadillo donde uno se enamora de todo lo expuesto. Aquí es el lugar donde comprar aquella pieza que se lucirá mañana en la playa o al ir de copas por la tarde. Cuenta con tres locales tocándose prácticamente el uno al otro, uno en el Carrer Major des Born y los otros dos pasada la esquina, en los nº 1 y 2 de la Plaça des Born. (☎ 971 381 932; Carrer Major des Born 11; 10.00-22.00)

Aloha

ROPA Y COMPLEMENTOS

55 PLANO P. 127, D3

Divertida tienda de ropa y complementos que cuenta con una amplia colección de bañadores de diseño exclusivo y camisas de aire hawaiano. Además, tiene un apartado de ropa de segunda mano donde, rebuscando, se pueden encontrar auténticas maravillas. A finales de verano suelen hacer interesantes descuentos por liquidación de temporada. (971 484 796; Carrer del Seminari 22; 10.30-14.00 y 18.00-21.00 lu-sa)

Món Natural

ROPA Y COMPLEMENTOS

56 PLANO P. 127, E2

Singular tienda de ropa y complementos con curiosos zapatos, sombreros, cojines para el hogar, bolsos, bisutería y una amplia selección de vestidos que a más de uno le recordarán tiempos *hippies*. Vale la pena entrar y curiosear entre sus estanterías para encontrar verdaderas joyas. (971 386 166; Carrer Maó 15; 9.30-24.00 lu-vi 10.00-24.00 sa-do may sep, 9.30-13.30 y 16.30-20.30 lu-sa oct-abr)

Ca Sa Pollaca

ZAPATERÍA

57 PLANO P. 127, D2

En funcionamiento desde 1897, es una de las tiendas decanas de Ciutadella, que ha sabido adaptarse a los tiempos. Aunque a primera vista pueda parecer un establecimiento para turistas, presenta un sugerente surtido de imaginativas abarcas de todos los colores habidos y por haber. Tiene una exhaustiva exposición de

Líthica.

FUAD ALIEV/SHUTTERSTOCK ©

CASTELL ©

Castell.

zapatillas de esparto y una zona *outlet*, con calzado de restos de colecciones. (971 382 223; www.casapollaca.com; Carrer Josep Maria Quadrado 10, Ciutadella; 9.30-13.30 y 17.00-20.00)

Castell ABARCAS

58 PLANO P. 126, C2

Quien tenga problemas en los pies pero quiera calzar unas abarcas puede ir a esta fábrica y tienda ubicada en el polígono industrial de Ciutadella, que elabora abarcas ergonómicas por encargo. Además, cada año renueva su colección de menorquinas, sandalias y alpargatas y usa para la elaboración de algunas de sus piezas neumático reciclado. (971 384 079; www.avarcacastell.com; Carrer Sabaters 20, polígono industrial; 8.00-13.00 lu-vi)

Sensacions de Menorca JABONES

59 PLANO P. 127, D2

Tienda especializada en la venta de jabones, perfumes y esencias, todos ecológicos y elaborados de manera artesanal en la isla. Sus jabones están compuestos por un 80% de aceite de oliva y un 20% de sustancias vegetales y aceites esenciales; los hay con aroma de romero y menta, de aguacate o de fruta de la pasión, y las esencias de colonia pueden ser de verbena, de vainilla, de mora, etc. Cuenta con una tienda hermana en Maó (p. 58). (971 484 424; Carrer Josep Maria Quadrado 26; 9.30-23.00 lu-sa jul y ago, horario reducido resto del año)

Pachamama

ROPA Y COMPLEMENTOS

60 PLANO P. 127, C3

Tienda de ropa y complementos con diseños perfectos para equiparse para un verano en la isla. Sus sandalias y ropa veraniega presentan formas y colores muy originales. (Plaça des Born 27; 10.00-22.00)

El Paladar

DELICATESEN

61 PLANO P. 127, E2

Al entrar en este selecto local es imposible no quedar embriagado con los aromas que desprenden los embutidos, especialmente el jamón ibérico, y los productos menorquines como quesos, aceites, *carnixulla, camot*, gin, licores de hierbas, vermut o pan de vidrio. Los embutidos los cortan a rodajas y los envasan al vacío, lo que permite organizar un buen pícnic playero o llevarlos a casa a la vuelta. Tiene otro establecimiento en la ciudad (Carrer s'Ullastre 12), y tiendas en Es Mercadal (Carrer Nou 5) y Maó (Carrer Ciutadella 97). (971 482 754; www.elpaladar.es; Carrer Maó 10; 9.00-14.00 y 17.00-21.00 lu-sa)

Fonoll Marí

TIENDA BIO

62 PLANO P. 127, E3

Tienda bio y de proximidad con productos naturales, como fruta ecológica de km 0, pasta, cereales, arroces, vinos ecológicos, cosmética natural, capazos de palma y un largo etcétera de productos pensados para preservar el medio ambiente. (971 480 615; Av. Jaume el Conqueridor 25; 9.30-14.00 y 17.00-20.00 lu-vi, 9.30-13.30 sa)

La silla Coca Rossa

Corría el año 1930 cuando el carpintero *ciutadellenc* Miquel Anglada se empeñó en mejorar la clásica silla plegable de tijera. Él no lo sabía, pero estaba concibiendo uno de los diseños más acertados del s. xx, la hoy conocida silla plegable de director, llamada Coca Rossa. Sus nietos Miquel y Lluís la siguen fabricando, e invaden las aceras de Ciutadella reuniendo a los vecinos al atardecer; en la actualidad, de su taller salen varios miles de sillas cada año.

Gelats Torres

HELADOS

63 PLANO P. 127, E2

La heladería y horchatería más veterana de Ciutadella, que constituye un auténtico respiro durante un paseo agosteño por el casco antiguo, renueva cada año su carta con productos novedosos. Entre sus helados, todos artesanos, tiene especial aceptación el de vainilla. (971 382 192; Carrer Josep María Quadrado 1; 10.00-23.00 verano)

Merece la pena

Catar el potencial enológico menorquín

En el s. XVIII, Inglaterra potenció en Menorca el cultivo de la vid con la idea de producir vinos para sus tropas, pero tras el abandono británico de la isla, la producción desapareció en pocos años. Mucho más tarde, a finales del s. XX, un puñado de visionarios decidió revertir la situación y en el 2002 se creó la Indicación Geográfica Protegida (IGP) Vi de la Terra Illa de Menorca, que garantiza la calidad de los vinos de la isla. Varias bodegas, en aumento, dan fe de ello.

❶ Binifadet

En la entrada de Sant Lluís por la pequeña carretera de Es Castell, **Binifadet** (971 150 715; www.binifadet.com; Camí de ses Barraques s/n, Sant Lluís; véase p. 49) es la bodega de mayor renombre de la isla, con 12 Ha de viñedos. Tiene un restaurante y un *wine tasting*, y dispone de una amplia oferta de vinos blancos, rosados y tintos (10 en total), así como de espumosos, que se pueden adquirir en la propia bodega. Organizan visitas guiadas de 1 h por las instalaciones (15 €), previa reserva en su página web, así como, de manera eventual, una experiencia de maridaje de vinos blancos con quesos menorquines (28 €).

❷ Son Cremat

La bodega **Son Cremat** (606 970 035; ctra. Maó-Sant Climent km 2, Maó) está cerca de Maó, en una zona donde ya se había cultivado viña unos siglos atrás y ocupa 2 Ha. Dirigida por el vinatero Joan Fullana, que apuesta por una intervención mínima en la viña, produce un vino blanco muy suave y aromático y un rosado. Sacó al mercado su primer vino en el 2015. Organizan visitas y catas previa cita telefónica y venden vinos en la propia bodega.

❸ Sa Cudia

La bodega **Sa Cudia** (629 330 162; ctra. d'es Grau km 8, Maó) tiene sus viñas en el Parc Natural S'Albufera d'es Grau. Es la única bodega de la zona norte de Menorca y sus 7 Ha de terrenos pizarrosos dan a sus uvas unas características únicas que se traspasan a los vinos blancos que produce. Organizan visitas guiadas solo con cita previa pero no venden vinos en la bodega.

❹ Sa Forana

Sa Forana (607 242 510; www.saforana.com; Camí de Sa Forana s/n, Sant Climent) es una explotación familiar de 2,5 Ha situada en la

★ Consejos

- Para conocer y adquirir los vinos de todas las bodegas menorquinas de una tacada, lo mejor es ir a **De Vins Menorca** (p. 54), tienda situada en el polígono de Maó, con la mayor y más completa oferta de vinos de toda la isla.
- Antes de visitar una bodega, en especial en temporada baja, hay que cerciorarse de qué días concretos se organizan visitas y catas y qué horarios tienen.
- Organizándolo bien, se puede hacer un recorrido en coche por todas las bodegas abiertas al público en dos o tres días. Eso sí, en este caso el conductor deberá abstenerse de catarlos todos.

finca Cugullonet Nou. Comercializa sus vinos desde el 2008, dos tintos y dos de blancos de gran personalidad. No ofrecen visitas guiadas ni venta en la bodega.

❺ Torralbenc

La bodega **Torralbenc** (☎ 660 806 145; www.bodegastorralbenc.com; ctra. Maó-Cala en Porter km 10, Alaior) inició su andadura en el 2016. Está junto al hotel y restaurante homónimo (véase p. 84) y en sus cuidadas 18 Ha elabora dos vinos blancos, uno tinto y otro rosado, así como monovarietales que produce dependiendo de la añada. En verano ofrecen visitas guiadas con degustación (25 €).

❻ Bodegas Menorquinas

Creada en 1987, es una de las bodegas con más solera de Menorca. Elabora tres vinos diferentes –un blanco y dos tintos– en sus 3,5 Ha de viñedos, que se presentan bajo la marca **Ferrer de Muntpalau** (☎ 971 375 334; www.bodegasmenorquinas.com; Camí de Tramuntana km 1, Es Mercadal). Las etiquetas de estos vinos han sido creadas por reconocidos artistas locales. Organizan visitas guiadas solo con cita previa telefónica y venden vinos en la bodega.

❼ Hort de Sant Patrici

Parte de una gran explotación, la bodega **Hort de Sant Patrici** (véase p. 110; ☎ 971 373 702; www.santpatrici.com; Camí de Sant Patrici s/n, Ferreries), de 2 Ha, produce vinos blancos y tintos desde el 2008. Organizan visitas guiadas todo el año, con degustación de quesos y vinos, a la bodega y al resto de instalaciones

Bodega Torralbenc.

SHOTMENORCA ©

(se puede contactar por teléfono o a través de su web).

❽ Morvedra

La bodega más joven de Menorca es **Morvedra** (📞 607 721 128; www.morvedra.com; Camí de Ruma s/n, Lloc de Sant Josep, Ferreries), que en el momento de redactar esta guía aún no había comercializado sus vinos (estaba previsto que salieran al mercado a mediados del 2024 con el nombre de Mirant Pregonda). Apuesta por los vinos con la menor intervención posible, al igual que sus aceites de oliva, conocidos desde hace ya unos años. De momento no se organizan visitas guiadas.

❾ Torralba

Otra nueva creación enológica en la isla es la bodega **Torralba** (📞 971 713 550; www.bodegatorralba.es; Camí de Macarella, Ciutadella), creada con inversión francesa, que tras varios años de pruebas, en agosto del 2023 sacó su primer vino rosado al mercado. Con sus 40 Ha, está previsto que se convierta en una de las bodegas más grandes de Menorca. Es de suponer que en el futuro organizarán visitas guiadas.

❿ Sa Marjaleta

La bodega Sa Marjaleta, creada en el 2006 en una finca familiar tradicionalmente dedicada a la obtención de queso, cuenta con 5 Ha de viñedos. Bajo la marca **lamontanum** (📞 657 608 912; Camí d'Alpare s/n, Ciutadella), producen un tinto y un blanco muy singular. En el momento de redactar esta guía tenían previsto reformar las instalaciones y no se realizaban visitas guiadas.

⓫ Binitord

Uno de los aspectos más interesantes de la bodega **Binitord** (📞 665 560 224; www.binitord.com; ctra. de Santandria s/n, Ciutadella), a 6 km de Ciutadella y creada en el 2007, son sus instalaciones: construida en el interior de una cantera de marés abandonada, invisible a primera vista, protegida del viento, del frío y del calor. Con estas óptimas condiciones, elabora vinos blancos, tintos y rosados, de corte clásico, e incluso tienen un vermut. Dispone de 7 Ha de viñedos. Organizan visitas a las instalaciones con catas de sus vinos (15 €; reservas a través de su página web) y venden vinos en la bodega.

⓬ Santa Catalina - Binidalí

La última propuesta en cuanto a bodegas menorquinas es **Santa Catalina - Binidalí** (ctra. de Binidalí s/n, Sant Lluís), en el sur de la isla, que en el momento de redactar esta guía estaba previsto que próximamente saque al mercado vinos blancos, tintos y rosados.

Guía práctica

Cala Macarelleta (p. 77). TAGSTILES.COM-S.GRUENE/SHUTTERSTOCK ©

Antes de partir

Reserva de alojamiento

- Para la temporada alta (jul-ago) hay que reservar con varias semanas de antelación.
- Muchos alojamientos cierran de mediados de octubre a Semana Santa.

Económico

- **Hostal La Isla** (www.hostal-laisla.com) Pequeño alojamiento de trato familiar, en pleno centro de Maó, perfectamente rehabilitado, con habitaciones dobles y triples.
- **Hotel Balear** (balearhotel.com) Hotel sencillo y moderno de Ciutadella, a 5 min del centro histórico, cuyas habitaciones fueron reformadas en el 2023.
- **Hostal S'Algaret** (www.hostal-salgaret.com) La antigua fonda S'Algaret de Fornells es un alojamiento en funcionamiento desde la década de 1950 perfectamente rehabilitado.
- **Hotel Jeni** (www.hoteljeni.com) Hotel en Es Mercadal con piscina y restaurante.

Precio medio

- **HoMe** (marosihotel.com) Pequeño hotel-*boutique* ecológico en el centro de Ciutadella.
- **Sant Joan de Binissaida** (www.binissaida.com) Hotel rural en un caserío del s. XVIII con un entorno dominado por pinos, *ullastres* y caballos menorquines en Es Castell.
- **Sindic Hotel** (www.sindichotel.com) Situado en el corazón de Maó, tiene habitaciones modernas y muy luminosas.
- **Sant Ignasi** (www.santignasi.com) Hotel rural en una finca del s. XVII que fue residencia veraniega de una acaudalada familia de Ciutadella.
- **Matxani Gran** (www.matxanigran.com) Establecimiento de agroturismo con cocina y barbacoa en Sant Climent.

Precio alto

- **Son Blanc** (sonblancmenorca.com) Todo un nuevo concepto de

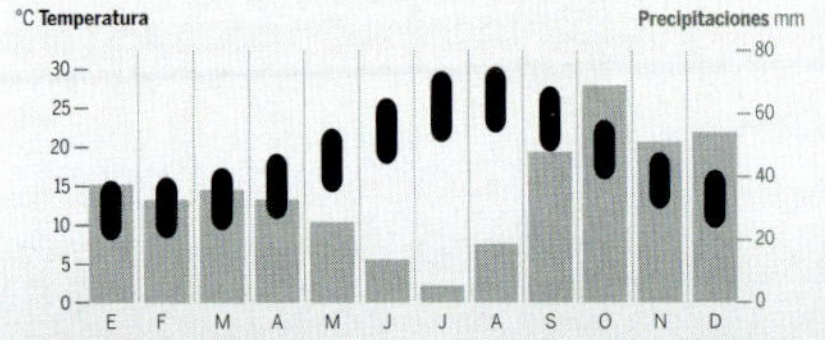

Cuándo ir

- **Primavera (mar-may)** Temperaturas agradables. Muchos establecimientos abren en Semana Santa.
- **Verano (jun-sep)** Punto álgido de la temporada turística y mucho calor. En julio y agosto la isla está abarrotada.
- **Otoño (oct-nov)** El buen tiempo se alarga hasta mediados de octubre. Posibilidad de lluvias esporádicas.
- **Invierno (dic-feb)** Días de frío y tramontana. Muchos establecimientos turísticos, en especial en la costa, permanecen cerrados.

alojamiento en una finca, basado en los principios de la sostenibilidad.

- **Sant Roc** (www.boutiquehotelsantroc.com) Hotel-*boutique* de alto *standing* con *spa*, en pleno centro de Maó.
- **Binigaus Vell** (www.binigausvell.com) Hotel de Es Migjorn Gran con establos, ideal para los amantes del turismo ecuestre.
- **Barceló Hamilton** (www.barcelo.com/es/barcelo-hotels/hoteles/espana/islas-baleares/menorca/barcelo-hamilton-menorca) Hotel solo para adultos, con todas las comodidades y espectaculares vistas sobre la bahía de Maó.
- **Marosi** (marosihotel.com) Lujoso hotel-*boutique* en Ciutadella, que rebosa encanto.

Cómo llegar

Aeropuerto de Menorca

- Se encuentra en el sureste de la isla, junto a la carretera de Sant Climent, a 4,5 km de Maó y a 47 km de Ciutadella. Es la principal puerta de acceso a Menorca.
- En la terminal de llegadas hay varias agencias de alquiler de vehículos.
- A la salida de la terminal de llegadas hay una parada de taxis. Tarifas aprox hasta Maó/Es Castell/Es Mercadal/Fornells/Cala Galdana/Ciutadella puede costar 20/20/35/45/50/60 € aprox.
- El autobús nº 10 (billete sencillo 2,75 €) une cada 30 min el aeropuerto con la estación de autobuses de Maó, desde donde parten autobuses hacia los principales destinos de la isla.

Puerto de Maó

- Llegan ferris procedentes de Barcelona, Palma de Mallorca y Valencia. También atracan cruceros de recreo por el Mediterráneo. La terminal de ferris está al otro lado de la bahía con respecto a la ciudad. El autobús nº 11 une la terminal con la estación de autobuses de Maó.

Puerto de Ciutadella

- Con poco tráfico comercial, a su puerto de Son Blanc (a 2,5 km de Ciutadella) llegan ferris rápidos procedentes de Barcelona y Alcudia (Mallorca); el autobús nº 64 enlaza con el centro de Ciutadella y es fácil encontrar un taxi en el *parking*.

Cómo desplazarse

Autobús

- Las webs de **Transportes Menorca** (www.tmsa.es) y de transportes del **Consell Insular de Menorca** (menorca.tib.org) facilitan las rutas y horarios de las líneas de autobuses.
- Existen 45 líneas de autobús. Las principales son Maó-Ciutadella, Maó-Es Castell, Maó-Sant Lluís, Maó-aeropuerto y Maó-Cala en Porter, con paradas en las principales localidades de las rutas.
- En la línea directa Maó-Ciutadella se puede transportar la bicicleta por 2 €.
- Las tarifas oscilan entre 1,75 € (Maó-Es Castell) y 5,75 € (Maó-Ciutadella).
- Varias líneas ofrecen horarios nocturnos.

Automóvil y motocicleta

- En el aeropuerto, Maó, Ciutadella y los principales destinos turísticos hay agencias de alquiler.
- En julio y agosto la demanda puede llegar a agotar los vehículos de alquiler; se recomienda encarecidamente reservarlos con unos meses de antelación.
- La red de carreteras está en buen estado, pero hay caminos pedregosos y con baches que se estrechan entre dos tapias de piedra seca. Antes de entrar en un camino desconocido, vale la pena preguntar si es transitable.

Algunas agencias locales de alquiler de vehículos:

Autos Menorca (www.autosmenorca.com)

Autos Xoroi (www.alquilercochesmenorca.com)

Menorcarent (www.menorcarent.com)

Tramuntana Car (www.tramuntanarentacar.es)

Valls (www.autosvalls.com)

Bicicleta

- Hay tiendas de alquiler y talleres de reparación de bicicletas en Maó, Ciutadella y los principales destinos turísticos.
- Se puede recorrer casi todo el Camí de Cavalls en bicicleta de montaña (de vez en cuando habrá que cargar con la bici a cuestas).
- Existen seis rutas principales, recomendadas para recorrer en bici la isla de un extremo al otro: Ciutadella-Ferreries (16,5 km; 2 h); Ferreries-Es Mercadal (15,5 km; 1½ h); Es Mercadal-Alaior (7,7 km; 45 min); Alaior-Maó (12 km; 1¼ h); Maó-Es Castell (8 km; 45 min); Es Castell-Sant Lluís (6 km; 30 min).

Taxi

- La **Asociación Menorquina de Radio Taxi** (www.taxismenorca.es) ofrece servicios las 24 h todo el año; se puede solicitar su servicio a través de la página web.
- Las tarifas aumentan en horario nocturno (21.00-6.00).

Información esencial

Dinero

Todos los pueblos tienen cajeros automáticos.

Moneda Euro (€)

Tarjetas de crédito y débito Se pueden usar prácticamente en todas las tiendas, restaurantes, agencias, hoteles y supermercados. En algunos chiringuitos de playa puede haber problemas con el datáfono debido a la cobertura; es útil llevar siempre algo de efectivo.

Electricidad

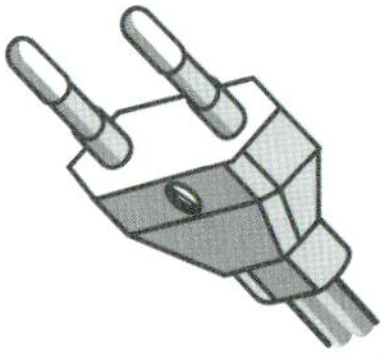

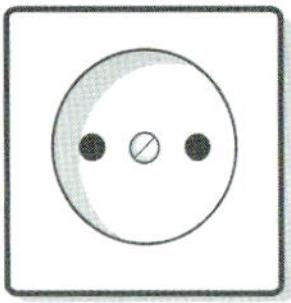

Tipo C
220V/50Hz

Fiestas oficiales

Año Nuevo 1 enero

Epifanía/Reyes Magos 6 enero

Sant Antoni 17 enero

Dia de les Illes Balears 1 marzo

Viernes Santo Finales marzo/abril

Lunes de Pascua Finales marzo/abril

Día del Trabajo 1 mayo

Asunción de la Virgen 15 agosto

Día de la Hispanidad 12 octubre

Todos los Santos 1 noviembre

Día de la Constitución 6 diciembre

Inmaculada Concepción 8 diciembre

Navidad 25 diciembre

Consejos para ahorrar

- Si es posible, hay que viajar fuera de la temporada alta (jul-med sep); en primavera y otoño los precios de los alojamientos y de los vuelos son más económicos y la temperatura en la isla es muy agradable.
- Siempre que se pueda, hay que desplazarse en autobús.
- Si se va a estar un mes o más, conviene llevar el coche en ferri desde la península.
- Para un día de playa, se puede comprar comida y bebida en una tienda de alimentación para hacer un pícnic; los chiringuitos playeros no son muy económicos.
- Aunque algunos yacimientos talayóticos son de pago, otros son de libre acceso (véase p. 64).

Fiestas locales

Sant Joan 23-24 junio (Ciutadella)

Sant Martí 20 julio (Es Mercadal)

Sant Jaume 24-25 julio (Es Castell)

Sant Antoni 4º fin semana julio (Fornells)

Sant Cristòfol Último fin semana julio o 1er fin semana agosto (Es Migjorn Gran)

Sant Gaietà 1er fin semana agosto (Llucmaçanes)

Sant Llorenç 10 agosto (Alaior)

Sant Climent 3er fin semana agosto (Sant Climent)

Sant Bartomeu 23-24 agosto (Ferreries)

Sant Lluís 25 agosto (Sant Lluís)

Verge de Gràcia 8 septiembre (Maó y Sant Lluís)

Horario comercial

Bancos 8.30-14.00 lu-vi

Oficinas de correos 8.30-20.00 lu-vi

Restaurantes 13.00-16.00 y 20.00-23.30 (en invierno muchos cierran o reducen su horario)

Tiendas 9.30-13.30 y 16.30-20.00 lu-sa; centros comerciales 10.00-21.00 lu-sa

Información turística

Las webs oficiales de **Turisme de Menorca** (www.menorca.es) y de la **Agència de Turisme de les Illes Balears** (www.illesbalears.es) facilitan amplia información sobre turismo, rutas y cartelera de espectáculos de Menorca.

Oficinas de turismo

- **Aeropuerto** (terminal de llegadas; ⌚8.30-20.45 mi-lu, 8.30-20.00 ma)
- **Centro de Maó** (Carrer Ses Moreres 13; ⌚9.30-19.30 lu-vi, 9.30-13.30 sa, do cerrado)
- **Puerto de Maó** (Moll de Llevant 2; ⌚9.30-20.30 lu-vi, 8.30-13.30 y 17.30-20.00 sa y do)
- **Ciutadella** (Plaça des Born; ⌚9.30-20.30 lu-sa, 9.30-14.00 do)

Lavabos públicos

- Escasean.
- Es aconsejable utilizar los aseos de cafés y restaurantes.

Precauciones

- Aunque Menorca es una isla muy segura, de manera esporádica puede producirse algún robo o hurto; el visitante debe ser precavido pero no más que en otros destinos.
- Hay que ir con cuidado en las playas grandes y evitar llevar mucho dinero en efectivo y/o objetos de valor en aglomeraciones como las fiestas de Sant Joan.
- Llegar a las calas recónditas puede presentar dificultades; si se tiene alguna dificultad en la movilidad es mejor no arriesgarse a bajar por laderas empinadas.

Cerrado en invierno

De mediados de otoño a Semana Santa, los horarios de muchos restaurantes y tiendas cambian, incluso pueden permanecer cerrados durante varios meses.

Teléfono

Teléfonos móviles

- Los móviles de los viajeros de la UE funcionan sin dificultad.
- Los viajeros latinoamericanos ahorrarán comprando una tarjeta SIM local.

Prefijos de zona

- **Prefijo de acceso internacional** ☎00
- **Prefijo de España** ☎34

Urgencias

Urgencias ☎112

Ambulancias ☎061

Bomberos ☎080

Policía ☎091

Policía local ☎092

Viajeros con discapacidades

- Existen 10 playas accesibles para personas con movilidad reducida: Cala Galdana, Sant Tomàs, Son Bou, Cala en Porter, Punta Prima, Es Grau, Arenal d'en Castell, Sa Platja Gran (Ciutadella), Santandria y Binibèquer.
- En las principales localidades cada vez hay más rampas; además, los grandes hoteles y muchos restaurantes han habilitado sus instalaciones.
- Menorca no es el mejor destino para viajeros con movilidad reducida, pues a muchos rincones solo llegan senderos pedregosos sin asfaltar.

Visados

- **Países de la UE y del espacio Schengen** No es necesario.
- **EE UU** No se necesita visado para visitas turísticas de hasta 90 días.
- **Otros países** Consultar con la embajada o consulado español.

Idioma

El español y el catalán son lenguas oficiales en las Baleares. El menorquín, prácticamente idéntico al mallorquín y al ibicenco, es la versión del catalán que se habla en la isla. Sin embargo, mucha gente procedente de la península Ibérica solo habla en español y cada vez hay más personas que conocen el inglés. Nadie espera que los visitantes aprendan a hablar en *menorquí* durante sus vacaciones, pero conocer algunas expresiones puede ser de gran ayuda a la hora de entablar una conversación.

Conversación

Hola. *Hola.*

Adiós. *Adéu.*

Por favor. *Per favor.*

Gracias. *Gràcies.*

De nada. *De res.*

Perdón. *Perdó.*

Lo siento. *Ho sento.*

Sí./No. *Sí./No.*

Discúlpeme. *Perdoni'm.*

¿Habla castellano? *Parla castellà?*

No le entiendo. *No l'entenc.*

Comida y bebida

Soy vegetariano/a.
Soc vegetarià/na.

¡Salud! *Salut!*

¡Estaba buenísimo!
Estava boníssim!

La cuenta, por favor.
Es compte, per favor.

Quisiera ... *Voldria ...*

un café	*un cafè*
un café con leche	*un cafè amb llet*
una mesa para dos	*una taula per a dos*
agua mineral con gas	*aigua mineral amb gas*
un vino	*un vi*
dos cervezas	*dues cerveses*

De compras

Quisiera comprar...
Voldria comprar ...

¿Puedo verlo? *Puc veure-ho?*

¿Cuánto cuesta? *Quant costa?*

Es muy caro. *És molt car.*

¿Podría rebajar un poco el precio?
Podria abaixar una mica es preu?

Urgencias

¡Socorro! *Auxili!*

¡Llame a un médico!
Truqui a un metge!

¡Llame a la policía!
Truqui a la policia!

Me he perdido. *M'he perdut.*

Estoy enfermo/a. *Estic malalt/a.*

¿Dónde están los servicios?
On està es cuarto de bany?

Hora y números

¿Qué hora es? *Quina hora és?*

Son (las diez). *Són (les deu).*

mañana	*matí*
tarde	*s'hora baixa*
noche	*nit*

ayer	*ahir*
hoy	*avui*
mañana	*demà*

1	*un/una*
2	*dos*
3	*tres*
4	*quatre*
5	*cinc*
6	*sis*
7	*set*
8	*vuit*
9	*nou*
10	*deu*

Cómo desplazarse

¿Dónde está ...? *On és ...?*
el aeropuerto *s'aeroport*
la estación de autobuses
l'estació d'autobusos

¿Cómo puedo llegar a...?
Com puc arribar a...?

¿Me puede indicar (en el plano)?
Em podria indicar (en es plànol)?

Quisiera ir a ...
Voldria anar a ...

¿A qué hora sale/llega?
A quina hora surt/arriba?

Quiero bajarme aquí.
Vull baixar aquí.

Índice

Véanse también los subíndices:

Dónde comer p. 165

Dónde beber p. 166

Ocio p. 166

De compras p. 166

Puntos de interés 000
Planos **000**

Dónde comer

Dónde beber

Ocio

De compras

Entre bastidores

Actualización y sugerencias

Si el lector encuentra cambios en los lugares descritos u otros recién inaugurados, le agradeceremos que escriba a Lonely Planet en www.lonelyplanet.com/contact/guidebook_feedback/new para mejorar la próxima edición. Todos los mensajes se leen, se estudian y se verifican. Quienes escriban verán su nombre reflejado en el capítulo de agradecimientos de la siguiente edición. Determinados fragmentos de la correspondencia de los lectores podrían aparecer en nuevas ediciones de las guías Lonely Planet, en la web de Lonely Planet, así como en la información personalizada. Se ruega a todo aquel que no desee ver publicadas sus cartas ni que figure su nombre que lo haga constar.

Agradecimientos

Mil gracias a Dani; su conocimiento casi absoluto de los restaurantes, las bodegas y los bares de Menorca ha sido esencial para seleccionar los mejores. A Narcís y Susi, anfitriones únicos, conocedores de los rincones más insólitos de la isla, que noche tras noche iban desvelándome los secretos de una isla que ama su privacidad. A Rita, cuya lista de locales para tapear es un verdadero tesoro. A Natalia, Laura, Quinsi, Sara, Tolo, *na* Sussana, Cesc, Pepe y Car, pues hacen que cualquier visita a Menorca se llene de risas. Al eficiente personal de las oficinas de turismo de Maó y Ciutadella, y de los centros de información de La Mola y del Parc Natural S'Albufera des Grau, por su colaboración. Y, como siempre, gracias a Moi por hacer que siempre valga la pena volver a casa.

Reconocimientos

Fotografía de cubierta: puesta de sol en el faro de Favàritx (p. 63), Anibal Trejo/Shutterstock ©; fotografía de contracubierta: talayot de Trepucó (p. 69), tuulijumala/Shutterstock ©.

El autor

Jordi Monner Faura

Editor de guías Lonely Planet en español desde el 2005, siempre que puede se escapa a la isla, a la casa de unos amigos, en las afueras de Sant Lluís, que tienen una burra en el jardín como fiel animal de compañía. A ellos les debe su amor por Menorca y el haber descubierto sus rincones más escondidos. Jordi también es autor de las guías *En ruta por Cataluña* y *La Costa Brava y el Empordà,* y coautor de *Los Pirineos,* publicadas por Lonely Planet.

geoPlaneta
Av. Diagonal 662-664, 08034 Barcelona
www.geoplaneta.com – www.lonelyplanet.es

Lonely Planet Global Limited
Lonely Planet Global Limited, Digital Depot,
The Digital Hub, Dublín D08 TCV4, Irlanda
www.lonelyplanet.com
Contacta con Lonely Planet en: lonelyplanet.com/contact

Menorca de cerca
3ª edición en español – marzo del 2024
1ª edición en español – abril del 2017

Editorial Planeta, S.A.
Av. Diagonal 662-664, 7º. 08034 Barcelona (España)
Con la autorización para la edición en español
de Lonely Planet Global Limited, Digital Depot,
The Digital Hub, Dublín, D08 TCV4, Irlanda

ISBN: 978-84-08-28096-5
Depósito legal: B. 16.356-2023
Impresión y encuadernación: Unigraf
Printed in Spain – Impreso en España